Zdravko Luburic

Ruf der Stadt Lennep

Zdravko Luburic

Ruf der Stadt Lennep

Goldene Rakete Verlag für Belletristik

Imprint
Any brand names and product names mentioned in this book are subject to trademark, brand or patent protection and are trademarks or registered trademarks of their respective holders. The use of brand names, product names, common names, trade names, product descriptions etc. even without a particular marking in this work is in no way to be construed to mean that such names may be regarded as unrestricted in respect of trademark and brand protection legislation and could thus be used by anyone.

Cover image: www.ingimage.com

Publisher:
Goldene Rakete Verlag für Belletristik
is a trademark of
International Book Market Service Ltd., member of OmniScriptum Publishing Group
17 Meldrum Street, Beau Bassin 71504, Mauritius

Printed at: see last page
ISBN: 978-620-0-51875-0

VALENTIN LENNEP

RUF DER STADT
LENNEP

Rezension

Lieber Zdravko,

Gratulation zu diesen Texten. Sie beeindrucken mich in ihrer Geschlossnheit, ihrer eindringlichen Konsequenz wie gleichsam ein Stück repetitiver Musik, in der Ausgewogenheit ihres Bild– und Themenrhythmus, und im durchgehaltenen Sprachniveau – lyrischer Prosa in einem weiträumigen Sinn aber ohne Brüche und Ausfälle.

Lennep mag glücklich sein, überhaupt das Bergische Land über diese Verklärung. Soll es Bilder, Fotos geben zur Ergänzung? Es läge nahe. Poeme über eine Stadt oder eine Stadtlandschaft sind ja nicht so häufig. Da wäre Andrej Belyj: Petersburg, Georges Rodenbach: Brügges – la – Morde, Czeslaw Milosz: Die Straßen von Wilna. Wo hast Du Maßgenommen?

Nun muss ich wirklich mal, statt mich bei Remscheid durch die Baustellenstaus zu quälen, runter von der Autobahn und dieses Lennep besehen. Gibts da wirklich die vielzitierten Strohdächer, oder ist das dichterische Fiktion (Fürs Bergische Land ist ja eher die schwarze Verschieferung typisch)?

Ich verstehe gut aus eigenem Erleben, dass einem eine zweite oder dritte Heimat ebenso ans Herz wachsen kann wie die erste, (Selber habe ich eine Erzählung "Hildesheim oder die Grenzen des Optimismus" geschrieben – allerdings mehr als Parabel auf die Brüchigkeit westdeutscher Glücksvorstellungen; und an der dritten Heimat Rheinland hänge ich gleichermaßen, wie an der ersten Heimat Dresden).

Dein Poem brachte mir in den Sinn, wie die Remscheider Gegend mit ihren Bergstädten eigentlich eine besondere Gegend ist, von gewisser Ähnlichkeit mit der Toskana oder dem Grenzgebiet zwischen Slowenien und Friaul. Dadurch ergeben sich für Stadt und Landschaft andere Lichtverhältnisse. Auch das ruft Dein hartnäckiges Poem wach.

So viel zu meiner ersten Lektüre. Alle guten Wünsche für eine Veröffentlichung, und herzliche Grüße.

Dein Detlef Gojowy

Von dem Städtchen umhüllt

Das Städtchen konstruierte einen Traum,
eine winzige, unbekannte Dimension, während der
Entschlossenheit, so unmittelbar Perle zu sein,
dass es jeden und mich mit seinem Urgrund umhüllt,
zu seinem Gefangenen der Schönheit macht.

Wenn man es sieht, fallen die Worte und das Schweigen.
Von überall öffnen sich die Tore, wiegt die entfesselte Größe
der Majestät in weitem Strom der zahllosen Lippen
im Gedankenfluss die Entfernung durchbrechend die Worte,
öffnet einen Pfad, der geborene Herrscher,
der sich entfernt und zurückkehrt in ihn, rauschend.

Es sprachen alle Leiber miteinander,
redeten die verborgenen Äste,
teilten sich die Hoffnung der Helden der Vergangenheit mit,
stießen einander ab, verbargen sich, verschlossen sich,
flohen einander mit hellen Worten, die nie mehr ermüden,
vereint mit dem Fest in tiefer Ausstrahlung
der gegensätzlichen Welt, die Fremde anrührt,
und in ihrer Schönheit zu ihrem Ursprung zurückkehrt.

Was es auch spricht, es fällt von Mund zu Mund magisch
ins Schweigen hinab in einen hellen Raum,
groß wie die Nacht, zwischen ihnen und ihm,
es fängt den Klang des Schweigens auf,
das Schweigen der Glocken
von den Kirchen verbreitet sich in blauen Schlägen,
schuf schwebend das Erdreich, Einheit auf der Erde
und die Schönheit, geboren in der schlanken Göttin.

Seine Schönheit ist jene leuchtende Zeit, diese kaum
umsäumt, kaum entstanden, geheim und hell,
gleich einer tiefen, stillen Liebe, plötzlich
im blauen Wind der geliebten Ausstrahlung, ein Sternenraum
erfüllt es mit Gesumm der Helle, weitergleitende Häuser,
Fenster und Blumen, von Hand zu Hand die Gässchen fühlend
wie ein dunkler Ahne, seiner uralten Würde entrissen
aus jedem Schlaf und Hauch der Weite.

Eine Einöde

Groß ist die Nacht, und es wacht die Stille.
Ist sie heute, gestern, morgen, du weißt es.
Gürtel der unsichtbaren Mauer behüten deine Wohnstatt,
und sie teilen dich auf, es wacht die innere Erdschicht
und hört die Tiefe, berührt sie schürfend,
das unergründliche Erz des Städtchens,
man findet dann deine Einheit, deine Struktur,
deine Güte, deine große Hand.

Wer deine Häuser betrachtet, deine offene Höflichkeit,
dein Schweigen, dein Antlitz, geformt aus deutscher Erde,
sofern er nicht von hier ist, nicht zwischen deiner Mauer
geboren ist, in diesen Ebenen, auf diesen Hügeln,
in deiner Einöde, der begreift, oder auch nicht;
jeder wird von dir reden, von fern eine Bewunderung fühlen,
er wird an dir vorüberziehen,
wird mit seinen Händen jeden Baum berühren,
Ranken und jeden schattigen Weg des Landes.

Für mich und uns bist du Brot und Fels,
Herd und das hellste der Antlitze.
Dein Antlitz, Majestät, ist mein grünes Erdreich,
deine Augen die schallende Werkstatt.

Du, aus Jahrhunderten von Leibern erschaffen,
du bist die Mauer, deine Geradheit undurchdringlich
entstammt aus hartem Fleiß und Schweiß.
Du sollst weiter nichts sagen den Lüften, dem goldenen Wind,
der von weit her kommt, als was die sinnende Erde spricht,
das Kalkgestein, das Mineral und die gerechten Nächte,
ein reines Dasein, endgültig, eisern.

Transparenz der Freude

Zuweilen gleitet ein zaghafter Hauch von Stimmen
und Fasern von Dächern und Bäumen,
mit sich führend über Werkhäusern,
nichts geschieht an deinen offenen Fenstern,
die Lettern Lennep rühren sich nicht,
das Bauwerk der weißen Wände schleift sich nicht ab
mit der Langsamkeit der Jahrhunderte.

Es ist nichts als geworden, ist alles von damals
im Hemd der Zeit, vermengtmit vollkommenem Leben,
Schulen singen, immer noch sagen Menschen,
was andere denken, und die Wege und Äcker und pašrjaci
verweilen meist in deiner Stille,
und Transparenz in moderner Zeitung „Bergische Morgenpost"
mit hellem Klang naht mit Buchstaben wie diese,
schaut die Ruhe unter schnellen Füßen,
die mit einem Lächeln vorübereilen und
mit sich schleppen nie ermüdeten Fleiß,
und jeder Morgen kehrt zurück zu den Bewohnern.

Die Inschrift Lennep, die den Himmel einteilt,
und die blaue Luft, welche ein vollkommenes Leben zeigt,
wo es beginnt, von Erdteil zu Erdteil inmitten der Zeit,
singt für die jungen Menschen, dass es der Mensch hört und
sich nie zurückhält.

Gleich wieder erscheint die weiße Stille,
geht vorüber und trägt über die Dächer Gespräche,
voll bewusst wie feiner Regen;
sie ist ein zerriebenes Staubkorn des tagtäglichen Sieges,
auch der immer wieder kommende Frühling im Zeitenlauf,
der sich mit seinem offenen Gesang immer neu entbreitet,
ist der Chor zu den Ehrungen, die ein Leben hinterließ.

Unendliche Helle des Strahls

Lennep, stille Blüte, aufbrausende Einöde,
Jasmingesträuch, es hebt sich leicht auf,
unter dem Blütengeflecht deine helle Ruhe zu finden,
die alten Wände, die das Leben hinterlassen,
die Narben, bedeckt von der Zeit.

Aber im Inneren des uralten Städtchens,
wie eine helle Dimension des aufgekeimten Grün,
dort, wo dein erstes Gelb zerspringt,
ruht eine Ehre, gleich Röntgens Mantel.

Er ist in der lauten Tiefe der Luft,
ist in des Städtchens blauer Mitte,
und wie Brunnenwassertropfen funkelt
seine wache und denkende Redlichkeit des blauen Strahls.

Kristallen ist jeder Tag, der es bedeckt,
Klang und Schmerz, grausamer Lichtstrahl
dringen jäh durch die Körper, durch die Erde bis in die Nähe
der Menschheit unendlichen Helle.

Zuweilen erheben die Bewohner tief durch die Helle
ihre Wurzeln, bis die stille Erde
in seinem offenen Mantel ihn berührt,
zuweilen kreuzt, besätes Gesicht aufhebend,
den schweren Fleiß ein Genie und
stürzt in die Arme der Bewohner.

Zuweilen saust ein Blütenblatt, fällt ein Tropfen
auf die Erde und sinkt ins Schweigen hinab
und gelangt zum Glanz, wo das kleinste Erzittern
pocht an die kristallenen Strahlen,
die mit Schweiß und Tränen seinen Strom erreichen.

Jeder Tag

Jeder Tag spricht von seiner Struktur
und so, aus ihm und in dir ruhenden Kräfte,
aus der verborgenen Geschichte, machtvoll,
geht er mit mächtigen Augen hervor;
sie kamen aus einer bestimmten Richtung,
von einem kristallenen Blitz geboren und
eingehüllt kehren sie immer als Kristall
zu dir zurück.

Jeder hat Zutritt zu deinen Toren,
wie es dem Gast beliebig ist.
Eine Umarmung umhüllt ihn, vom Nebel
der bergischen Berge eingehüllt,
von Klängen durchdrungen steigt der Gast
die Treppen empor, die so leicht
durch die Gässchen zu ersteigen sind.
Dort sagt er: „Dieser Boden, dieser Reichtum
diese weiße und graue Schönheit gehört dir
mit deinem edlen Antlitz,
das nur das Lächeln kennt."

Dein hoher Kopf von heller Anmut
hat eine ewige uralte Eigenschaft
der greisen Wesen der Vorfahren des Bergischen Landes,
immer im Gang der Gedanken des Friedens.

Wer kommt, geht, und kehrt zurück zu dir.
In der Nacht dringt schlaflos ein heller Falter ein,
dringt der helle Schatten in seine Augen
voll erschöpfter Freude, tritt aus stiller Weite
in das kleine Zimmer, erhellt es,
und die dunkle Nacht des Reisenden streift vorübereilend
in den morgigen Tag.

Eine große Freude

Als auf der Erde die Helle größer wurde,
bäumten sich die Blüte und das Feuer über alle Einöde.
Am Rund des Horizontes erschien das vollkommene Licht,
die Erde füllte es mit Wärme, mit
funkensprühender Schönheit, färbte es mit Grün,
Safran und Jasmin, hüllte jeden Gehenden ein
und wurde von lieblichen Düften der Erde fortgetragen,
segelgleich schwebten sie dahin, bis der Tag
seine blanken Arme voll Tautropfen
auf seine Transparenz hinlegte, und da
erschien nichts anderes als das heutige Lennep.

Und dort, und hier und hier stößt man
auf alles, was wir lieben,
verkleidet in das Grüne und von Stille empfangen,
singend und weinend vor Freude,
eine große Freude mit langen Armen,
mit ganzem Leben vor jedem
mit Begrüßung, mit allem, was zu ihm kommt,
auch wenn wir nicht mehr sind.
Wiederum erwacht mit Jasminen
und Blumen auf den Gässchen, den Wegen,
und hellen Gesängen die Wärme,
die jeder liebt mit allem Duft seiner Tiefe,
und Süße steigt auf aus Traum und Traum,
jedem das Geleit zu geben.

Transparent ist die Erde, sind die Wiesenflächen,
Wogen aus Quarz und Saphir
besänftigen sich auf ihnen, Früchte und Getreide
wie ein Krönungsmantel bedecken sie
mit gelben Sternen, überschäumen den Kelch
auf Erden.

Aufgelauert, überfallen und erschlagen

Alle Schatten und alles Licht entflammen den Tag
und stürzen ins Dunkel, rauh, schwer,
von aller Lieblichkeit enthüllt.
Und die Schärfe des Blitzes schleudert mit
zerfetzten Armen des Zitternden, des winzigen Wesens,
es ist der Mensch, der stürzt und noch
die versehrteste Stirn erhebt.

Die glühenden Wälder sieht er, gleich Blättern
von schweigsamer Kraft, die gewaltigen Bäume,
verflochten mit uralter Erde,
die regennassen Wiesen und Felder
und seinen verstümmelten Körper, und seine Augen
durchdringen die Gezweige.

Dort ist, was alle lieben, sie blicken hin,
warten und tragen es durch das Dorf,
einen bescheidenen Menschen
auf wachen Schmetterlingsflügeln,
jeder Vogelruf oder Wasserlaut,
von seinem Schatten verteidigt,
ist der Mensch, ein winziger Mensch.
Auf der anderen Seite sind trübe Ströme da,
vibrierend vom Tod, der von Erdreich zu Erdreich
fließt und das Flüstern der Bewohner vernimmt.

Von Rauschen und Angst, das den Erdraum durchfliegt
und niederstürzt auf ärmliche kleine Hütten
und Bauernhöfe. Die Angst stürzt herab
mit den Namen von Trauer und Tod,
erscheint gleich dem bergischen Schwarzen Adler
aus Himmelshöhen, fällt mit reißenden Krallen
in den morgenschönen Frühling.

Engelbert

Auf ihn lauern sie und überfallen ihn,
kerkern ihn ein, entwürdigen und erschlagen ihn,
seine strahlende Würde wird ans Kreuz geschlagen,
und seine Ehre schleppen sie davon, des beliebten Fürsten,
des Beschützers der Bauern, der Kaufleute,
der Kleinen und Schwachen.

Dort in der Ferne unter dem glühenden Schweigen
der abendlichen Weiden, Eichen und des Klees,
wandert der furchtbare Schwefelwind vorüber
und sieht ihn und die Welt, dort, wo er ihn antraf.

Dornen hüten ihn vor dem entsetzlichen Hinterhalt,
zitternd warten Sie; er reitet hinab aus den Fichtenwäldern
dem flachen Mündungstal zu mit singendem Mund,
ein Blitz jagt ihn und war in der Stille,
war auf dem Platz des Todes ein Baum,
der sich wendet und davonglitt,
sie waren der rächende Tod, der Schrein des Lichtes.

Das gedrängte Metall, eisenstarke Lanzen,
reine Materie aus Tatkraft der Verräter, die Säbel
erglänzen wie durchbohrende Planeten in seinem Leibe,
lanzengleich der starrende Blitz des eisigen Feuers,
hohl wie das Glockeninnere, und er, der große Engelbert
sah mit seinen gebrochenen Augen hinauf
bis zu dem lichtgetränkten Grün und glühte
in der Unermesslichkeit, umspannt von offener Erde;
rot war dieser Erden Blut.

Die große Nacht trug den ermordeten Leib,
Schritt für Schritt neben allen Schritten der Untertanen,
und das Dunkel führte sie an der Hand,
viele Tage lang gingen andere Schritte,
andere Füße durch das ganze Bergische Land.
Die Luft war wie eisiges Glas,
von nasser Erde eine trockene Transparenz.

Hinrichtung

Schmutzbedecktes Drohen und ein Frührot aus Stein
und Stein und Stein und Stein von Menschen erschaffen
führen glühend in die Unermesslichkeit des Entsetzens,
ihre Wunden ohne Zahl ziehen grausam vorüber
in die Berge im unendlichen Licht der bergischen Luft,
und in seinem Wuchs, gehöhlt in den Höhen,
wurde der Sieg von gerechter Hand vollbracht.

Das Gerechte des kleinen Mannes mit Füßen tretend
war eine Hand wie ein Krater in der grünen Finsternis,
sie gründete nur ungestüme Entschlossenheit,
der ganzen Menschen Gewicht der Gerechtigkeit,
Schmerz und Wut, die ihn gefangen nahmen,
den erdversunkenen Isenberger, dessen Wut
als blutiges Salz der Erde ans Licht kam.

Angriffslustig ist er, der flammende hinterhältige Held,
gleichsam versunken war in ihm der Mensch,
stalaktitenhaft im Tropfen des Blutes,
des Herabgestürzten, in die Erde gefallener Qual;
zerbrochen zum Himmel schichten
die Gebändigten ihn mit harten Händen,
und vor die Gerechtigkeit
mit schimmernd weißen Zähnen,
lauschend dem knisternden Laut seiner Angst.

Die Sonne zerbricht die leere Unendlichkeit
der Augen, die wie gläserne Flächen sind
und mit dem Tod ringen
unter dem trockenes Krachen des Zitterns,
hinausgestöhnt, in verdunkelten Kreise erstarrt.

Herzog Heinrich war sein Name

Voll Spannung und Erwartung und Ungeduld
in dem großen lufterfüllten Tag,
in dem halbdunklen Kreis der Nikolauskapelle,
wo die Stille das ganze Schweigen auffängt,
das im Zeitraum sich nicht verlor,
erwarten die versammelten Männer die Ankunft
des Grafen, begleitet von seinem kleinen Gefolge.

Aus hellem Blau, aus ferne prägt die nackte Erwartung
wie die unberührte Erde die Bewohner
und ihren strengen Brauch.
Das waren die männlichen Brüste der Welt,
Gestalten in gradliniger Form
mit Schweiß und Fleiß ausgedehnter Präzision.

Er kommt geradewegs in die Nikolauskapelle,
streckt seine Hände aus, sein Lächeln
fing auf die Tiegel seiner Seelenkraft,
sieht sich um mit der reinen Bescheidenheit,
allumfassend und unbewegt, mit klarem Blick,
wie unbezwingbares Licht mit fester Stirn verkündet:
Lennep wird freie Stadt sein.

Herzog Heinrich war sein Name.
Sein Name war Herzog Heinrich.

Gutmütig, bedächtig, beleibt, mit festem Blick,
der machtvolle Lagerungen seines Körperbaus bedeckt,
schaut er nach Lenneper Bürgern mit seiner nie
vernichteten Lebenskraft, die einer abgerissenen
Stille gleicht, dessen Glieder Stürme,
Gewoge der Nacht, verstreuen.

Mit diesen Fäusten erbaut

Die Bürger gingen mit ihren schweißbedeckten Händen
aus ihrer Arbeit mit einer neuen Würde hervor,
das Volk schuf die Mauern mit vier Stadttoren,
Türmen, Wall und Graben,
und sie sprachen zueinander:
Verbindet eure Stimmen mit einer anderen Stimme.
Verbindet eure Hände mit anderen Händen.

Es ging von Winkel zu Winkel,
erfüllt von Gassen zu Gässchen,
jeder mit seiner heimatlichen Berufung,
erbaute Straßen, Plätze, Bauerngehöfte:
alles sang und arbeitete und kämpfte
in der Einmütigkeit aufdämmernder Zeit.

Aus diesem Werk, aus diesen Fäusten,
geschmiedet in Erdenzonen und Freude,
erwächst der kommenden, der sieghaften Jahre Kraft,
von priesterlichen Strömen her,
über allen unbewohnten und bewohnten Zonen, schauend,
wie aus dem Dorfe Lennep die Geburt der Stadt wurde,
gewaltige Einöde, von singenden Vögeln weiß umringt.

Oh, wie viele Fußwindungen würdest du
dem und dem und der Geschichte schenken?
Oh, wieder einzugehen und hinauszugehen
zu den Toren, deinen stillen Gässchen,
deine seltsamen, stolzen Bräuche aufzuspüren,
hinabzusteigen zu deinen aufwärtsschwingenden Plätzen,
an dein edles Herz, ausgezeichnet von unsichtbaren Stimmen.

Blühendes Städtchen

Ich weiß, jeder weiß von geheimen Blumen am Fenster,
die stürmische Menge der Schmetterlinge,
all die fruchtbaren Ebenen und Hügel
und Wälder
erwarten jeden mit unerschöpflichen Feuchtigkeiten.
Aber niemand kann, niemand kann
aus der Bewunderung nur noch
einmal des Schweigens Stimme reißen,
es aufwärts schwingen in die strahlende Luft,
es an die Seite seiner Seele lassen und es lieben,
bis jeder mit ihren Lippen und der Erde singt.

Daher sieht jeder sein Lächeln
entgegenziehen, hin zu den unsichtbaren Toren,
die in ihm, Lennep, verschlossen erscheinen,
der Freude verhaftet, fest, undurchdringbar
von Bewunderung, mit hellen Augen
der bergischen Majestät.

Als die Bewohner zurückkehren in ihre Häuser
und zu ihren Glockentürmen, läuten sie,
gefesselt an Erdsphären und uralte Legenden,
schweifen in ersonnener Helle
strammer Lieder umher,
und jeder sieht vor der eigenen Tür
die Ozeane der Töne, die in jeder Brust schlagen.

Das Städtchen lebt wie ein Baum mit seinem Namen
in der Mitte all seiner Bewohner,
verehrt, gepflegt, bewacht
und von seinen Fenstern erwartet.

Der Stadtbrand

Einmal kam das Feuer, der Brand,
in ihre Häuser aus Lehm, sie zu suchen,
und hervor trat Lennep erneut ins Licht,
geliebt und voll Güte entsagend aller Angst,
obwohl sein Haupt brannte,
es entsinnt sich, jeder entsinnt sich,
1325 war es.

Kraftvoll von Gestalt, dunkel blau, lila, hell und weiß,
hell und weiß wie ausgegrabenes Elfenbein,
hell wie hohe Einsamkeit in der Luft,
laut wie der Menschen Schmerzen,
von hunderttausend roten Funken, das
unsagbar aus dem Wogen der Flamme hoch
wie eine Kathedrale aufwuchs,
man sah die Wände der Häuser aufwachsen
und alsbald erglänzen wie heißer Stahl,
dort wuchs der Flamme Kathedrale,
größer und höher als die Augen, die beteten im
Glanz der Tränen.

Das Feuer eroberte alle Winkel, und
Stück um Stück niederfallend von einer zur anderen Seite,
sich Weg bahnend durch die brennenden Straßen, aschgrau
durchquerend häuft sich der flammende Staub.

In dunklem Schweigen liegen die gestürzten Häuser
und die Hälfte der Stadt wie widriges rauhes Geschick
und vermummtes Glimmen
in der undurchdringlichen Aschendichte,
inmitten des überfluteten Rauches lauert
die unbändige Brandglut zugewandt den Gesichtern,
den offenen Augen der Bewohner zugewandt,
und Hände, beschirmt vom Ermatten der heimlichen Lippen,
ohne ihren Ort wiederzuerkennen, schlossen die Augen.
Doch sie hoben die Hände in die Höhe,
wie gewohnt begannen sie
ihr Städtchen, den Rundling, wieder aufzurichten.

Wieder im alten Glanz

Du erblühst wieder mit neuen Blumen, die
auf Erden deinen Namen haben: Lennep.
Deine Standhaftigkeit ist die Brüderlichkeit,
die Liebe, die die Erde durchstreift,
deine Wände, Strohdächer und Schornsteine erhellt
mit einem Gesang, der das Leuchten erhöht,
mit Händen und Händen und glühendem Glanz,
in die Höhe erhoben.

Auf heiligen Trümmerstätten liegen die Bürger
und die Silben ihrer verbrannten Leiber
und ihre kristallinischen Seelen, die wachsen
in einem gigantischen Flug,
oder ihre Narben, verbrannt von erhabenem Leuchten,
und geben der Stadt ihren ganzen Wuchs wieder;
Glanz, der die ganze Stadt beschirmt
in der neu geborenen Schönheit der stolzen Bauten.

Du Perle des bergischen Landes,
jeder wollte, jeder suchte all deine Lande auf,
die neuen Fenster berührend, die Ähren berührend,
die Werkstätten, Tuchwerk, Tuchmacher.
Auf den Straßen plaudern wieder Kinder
und das Leben durchmaß die ganze Freude.

Der weiße Glanz der Wände der Häuser,
gebaut aus Fachwerk, mit Geflecht und Lehm
abgedichtet, weiß gestrichen das in ihm
herrschende Weiß, oder mit Schieferplatten
in wogender Einheit bedeckte Fassaden
lassen das Weiß schwingen und wellen,
mit geformter Architektur vorwärts getrieben,
von neuem in der transparenten Harmonie wachsend.
Über die Weizenfelder, Gerstenfelder,
über deinem ganzen Erdreich ist die Schönheit
deiner Erde zu fühlen, dieser Erde,
gerichtet von Mund zu Mund als neues Zeichen
auf ihr, die singt und sich mit einem Lächeln
verschenkt.

Ein großes weißes Herz

Ohne wie die Zeit zu verrinnen, sondern helle Luft
und Grüne gewährend, sag mir, Lennep,
die du mit sorglosem Herzen alle Schritte begleitest:
Warum kannst du nicht, warum kann ich nicht,
warum kann keiner sich vor dir verbergen
und zurückweisen deinen menschlichen Sieg?

Du warst und du bist die Stille an jedem Tag,
einziger Freund mit deinem schwarzen Schiefer,
weißen Fenstern mit Blumen geschmückt,
deinen engen und breiten Gassen,
eine winzige aber große runde Muschel.

Deine leidenschaftliche Liebe zu den
Fichtenwäldern, zu den Laubwäldern
zeigst du mir, zeigst jedem dein ganzes,
offen hell daliegendes Land,
das in aller Breite schwingt und in aller Höhe,
das wie ein Lächeln strahlt,
Kraft, die aus dir hervorgeht
und alles zurück hält.

Du gleichst dir selbst mit breiten Schwingen
über deinem Rundling,
über das ganze Erdrund geht dein Flug.

Jeder kennt dich, erkennt dich, und jenem,
der noch in tiefster Nacht deine Strahlenschrift liest,
ohne dich zu gewahren,
gehen seine Augen zu dir,
an dir vorbei, an jeder Ecke und Gasse,
wo du zwischen die Mauern oder Blumen
inmitten der Laternen gelegt bist.
Wer aber sich an dich wendet,
weiß auch in der tiefsten Nacht, dass du bist.
Mit vollkommenem Licht empfängst du uns alle,
um uns Frieden zu schenken, und die Schlüssel
mit einem Lächeln, mit großem weißen Herzen.

Heute in dem Damals

So sind die Augen. Sie kamen aus der Weite, durch die Lüfte
und durchwanderten Erde und Zeit, bis sie zu dir kommen,
um deine Gässchen anzutasten, sie zu sehen,
um jeden zu erfreuen, um sich zu erfreuen
in deinen Gärten, von deinen Kirchtürmen,
in entgegenströmendem Regen und Regenstrahlen,
in denen der Friede und die Schönheit
das ganze Jahr hindurch sich spiegeln und blühen.

Sie wissen es, alle wissen es, ich weiß es,
den ganzen Tag, jeden Tag, die Nacht,
die Nächte, den ganzen Monat weiß ich es,
den ganzen Erdraum der Menschen hindurch.

Ich kam mit Sicherheit, fern lebend, unvermummt
an deine vier Tore bekundend Worte, Freude,
wie die Tore deiner Kirchen.

Du weißt es, sie wissen es, ich weiß es
sie wissen es an jedwedem Tag,
wachend erfahren sie es,
dass dein Rund sucht mich auf
am Morgen, an jedem Tag, in jeder Nacht.
Es reicht mir deine Morgenröte,
jetzt sehr wohl wissend, wo ich
meinen Platz einnehmen soll, um meine Stirn zu bieten
dem ganzen Leben, auch wohl
dem undurchdringlichen Dunkel
der dunklen Augen, die mit eigenen Lampen
deine Nächte erhellen.

Heute ist alles anders.
Ich weiß es, sie wissen es,
du weißt es, weißt, dass deine Bewohner existieren
und die feste Erde unter ihren Füßen,
und die Liebe zu dir, meine,
die dich über alle Maßen verehrt.

Die Zeit, die spricht

In ihr spricht der Mond, die Sterne, der Wein,
die Erde, die nicht vergeht;
alle sprechen mit ihr, wenn sie nicht spricht,
und grüßen sie herzlich und sie antwortet
durch ihren Mund der weißen Wände.
Ihre Freude hat dunkle Wurzeln und helle,
gesenkt in das bergische Land,
in die Bergketten, und dazwischen sind Felsblöcke zu sehen,
die hart und zart aus der Erde starren,
und aus den Feldern der Wiege der uralten Bauern,
die mit Fleiß und Güte jeder Pflanze gleich,
auf der reichen Erde mit Eichen erblühen.

Bergisches Land, winziges du,
stark und fest und voller Wohllaut,
mürrisch verbindet es sich mit dem Echo der Geschichte,
mit den Schritten der unbesiegbaren Zeit
mit ewigen Stimmen der Wälder,
Gesang und Düfte der ganzen Erde
in weißem Leuchten der Menschen.
Mit den Wäldern voller Vögel,
und Winden und Stärke der Entschlossenheit
und der Errichtung der Gemeinsamkeit,
die durch alle Dörfer blutbefleckt heult.

Im Nebel ziehen die Krieger vorüber und Grafen
mit blutbedeckten Füßen erforschen die Erde,
die Räuber der Reichen und Mächtigen,
die Händler, die Vögte, die Ritter der Burgherren
verschlangen einen Teil von dir,
und du, Perle der Welt, sitzend auf dem Strom
der Jahrhunderte, spinnst die Zeit und wartest.

Das Leben strömt

Woher kommen sie jetzt, die armseligen Knochen,
armselige Knochen, zusammengedrängt am Rande der Wege?
Sie lauschen den Liedern der umgebenden Dörfer,
schreiten voran mit Gefährten der Morgenröte
bis zum hohen Mittag.

Sie kommen von dem großen Strom Westfalens,
von grüner Weite des weitflächigen Rheins,
er trägt Wasser und Feuer mit sich,
Tau und weite Blicke in das Meer.

Er erzählt nichts von seiner Fahrt,
berichtet nichts von dem Geschehen der Menschen,
den Bewohnern in Lehmhäusern;
zwischen vier Toren empfingen sie die Welt.

Das Wasser des Rheins schwoll an in Wäldern,
floss mit abgerissenen Blättern davon,
er trug das schöpferische Leben, mit Getreide geschmückt.
Der Wind sang im Flug, was sie waren,
was sie sind und hatten und zu eigen haben.

Das Licht der Erde umgab feierlich die Stille,
und das Frührot pochte an Lenneper Fenster,
um mit ihnen durch die Welt zu ziehen,
die Weite, die mit Duft der Lenneper sich erfüllt.

Auch der Erde gleich gehören sie allein.
Geöffnet sind ihre Hände, die ihren Schweiß
verteilen im Wind.

Sie lachen, sie lächeln. Durch die Straßen
gehen sie allein, die sie lieben, sonst niemand.
Niemand weint vor Hunger oder Zorn,
in ihren Herzen leidet niemand,
es ereignet sich ebenfalls nichts, nichts geschieht.
Das Leben in Lennep strömt, und sie sind da,
das alltägliche Leben strömt all den Flüssen gleich dahin.

Alles ist voller Ruhe

Du sprichst mit dir, möchtest dir mitteilen,
was geschieht, was du alles tust,
und alle gehen vorüber, und alle
sagen dir etwas von dem täglichen Brot,
sprechen zum Himmel mit Seufzen und Küssen,
und immer wartest du auf sie, die du liebst.

Du gehst umher und weißt, hinter jeder Tür
leben die Menschen, sie haben keine Zeit,
sie müssen an alles denken,
alles ist voll von Träumen und Klängen.

Sie wollen dir alles erzählen,
dass das Leben ein Kampf ist, einem Strom gleich,
der vorwärts alle Menschen drängt
und wollen dir sagen, dir sagen,
und ruhen sich auf deinen Schultern aus.

Und du gehst dahin von Gasse zu Gasse,
für so viele Leben hast du immer Zeit,
du wolltest, sie alle lebten in deinem Leben,
gehüllt in deinen Gesang, und sängen in deinem Gesang
und du musst es hören, musst es niederschreiben,
was in der Nacht, was am Tag geschehen ist
und darfst keinen vergessen.

Es ist wahr, du wirst leicht müde
und blickst in den Himmel,
blickst zu den Sternen auf
und legst dich auf die Lenneper Erde,
legst dich ins Gras,
eine transparente Stille fliegt vorüber,
du legst deine Hand auf die Strohdächer
oder auf die Brust, die deiner Lieben,
die du liebst, und blickst empor zum Himmel.
Schwer und samten ist die Nacht,
sie lebt mit ihren tiefblauen eisstarren Gestirnen.

Freude, Stolz und Würde

Du fühlst alle Wege der Geheimnisse, sie dringen
in deine Seele, und das Schluchzen im Winkel der Gassen.
Wehmutsvoll werden sie schläfrig und schlafen
und schlafen ein wie ein Kirschbaum;
ganz plötzlich bist du auch eingeschlafen mit der Stille
oder ohne die Stille, mit den Sternen oder ohne die Sterne,
mit deinen Liebsten, und wenn du erwachst,
sind die Laternen und die Nacht verschwunden,
die Straßen und Gassen sind aufgewacht,
zu ihrer Arbeit gehen die fleißigen Menschen,
deine Bewohner, alles lebt wieder, alle haben es eilig,
hasten vorüber, sie haben kaum Zeit, dich anzusehen,
sie gehen vorüber, ohne es zu wissen, dass
sie vorübergehen, ohne dass du es weißt.

Du kannst ohne ihr Leben nicht leben,
nicht du Lennep sein ohne die Bewohner,
und du eilst und siehst und hörst alles,
alles geht dich an, und die Stille
trägt die Blüte und sanfte Früchte.
Dein Leben gibt für alle das Leben,
du willst alle in Hoffnung und Freude verwandeln,
wie sonst sollte man es erfahren?

So schreitest du vorwärts.
Schulter an Schulter mit den Bewohnern,
mit allen Menschen zusammen,
vereinend deine Größe, dein stilles Lied
und deiner Bewohner unsichtbarer Gesang,
der mit allen Menschen singt,
das Lied aus himmelblauer Seide und Helle
und helle Freude, Stolz und Würde,
mit weitgedehntem Licht erfüllt.

Ruf der Stadt

Auf dem Weg durch die Lenneper Gassen wandernd
trifft mich der Duft des Städtchens, begrüßt nur mich
und spricht zu mir, ehrerbietig, dass sie
ihre Transparenz ablegen möchte,
so könnten wir miteinander sprechen.
Der Duft bewegt unermüdlich das Blattwerk,
schüttelt es mit Freude vor meinen Augen, die Schönheit,
die Stille umspannt mich blau,
und ihre erst weißen, dann gläsernen Augenlider
bleiben stehen, steif wie ein Turm
und hören mich an, dann sprechen sie mich an.
Der himmlische Herrschermantel der Luft
aus himmelblauer Seide hüllt mich mit seinem Duft ein
und spricht zu mir:
Ich weiß nicht, wer du bist,
oder ich weiß, wer du bist, mein lieblicher Bruder,
aber um etwas bitte ich dich,
bleib hier bei mir.
Sieh die Lichter aller Tage und den Duft der Nächte,
das prächtige Licht in jedem Haus,
alles ist hell in dem weitesten Schatten
der engen Gassen, und darum will ich,
dass du atmest, du bist der einzige, den ich habe,
darum sind die Lichter und der Duft so transparent,
damit sie sehen, damit du siehst,
was uns der morgige Tag bringen wird.
Von dorther naht die Liebe und die Freude des Lächelns,
erheben über dir den Duft und verlöschen nie das Licht,
vom Dunkel nie verschlungen, darum sind da der Duft,
das Licht und die Luft zum atmen.
Lass dich nicht in die Fesseln der Zeit legen.
Bleib hier, verkaufe dich nicht, gib Acht!
Ruf mich zu Hilfe, wenn du mich brauchst,
lass uns beide tanzen um die Stadt, rings um die Welt,
in alle offenen Fenster steigen,
gemeinsam singen das Lied von gestern und morgen.
Du bist der Dichter, Feder meiner Gassen und Laternen;
und Schweigen und die Liebe der Erde,
der Menschen, der Bewohner, alles wird Dasein für alle
und für dich, wie du es bist.

Komm mit mir

Und komm mit mir, wir haben noch viel
zu besprechen und zu singen,
gehen wir durch die Täler und an den Bergen entlang
und hinauf auf die Bergeshöhen,
lass uns dort hingehen, wo das Grün steht und
eben geborene Helle, die weithin tönende,
Augen blendende zuweilen auch zerbrechliche,
von silbrigem Glanz
der Erlenstämme in der Sonne.

Wir geben mit einem hellen Heiligenschein
der Feldblumen mit gelben Kronen
der geliebten Sonne einen wehmutsvollen Kuss.
Noch ist es nicht zu spät.

Wir glauben, dass,
wenn die Dornenbüsche der Qual
unsere Herzen verbrannten,
wenn der Regen durchnässte unsere Kleider
in der hellen Landschaft der Freude,
wenn wir den Feldblumen die Augen schließen
und die Freude berühren,
wenn wir all unsere Schmerzen teilen
dann haben wir unserer Gemeinsamkeit geholfen.

Mit vollem Wohllaut, gleich der Erde,
gleich dem Wasser des Eschbaches,
der zu Tal gluckert leise,
gleich den Bienen teilen wir ihren Fluss aus
Freude, oh Freude, die wir auf allen Lenneper Straßen
fern und nah antreffen,
wollen wir von Haus zu Haus gehen,
wollen wir von Tür zu Tür gehen.
Nicht für uns allein sind wir da.
Mit ihm um den Erdball, mit seinem Gesang
übergeben wir den Menschen unsere Erdenpflicht,
auszubreiten die helle Freude in der Stadt, die Liebe,
erfüllt durch meinen Gesang.

Zwischen mütterlichen Bergen

Unberührter breiter Kreis Lenneps,
Städtchen, das die Berge erwartet, unversehrt
und weiß und grau, schieferdunkelgrau,
Jahrhunderte schweigsamer Stille
oder laut in allen Gassen und Straßen,
dreimal in der Woche von Markt besetzt.
Ströme von Kaufleuten, sie kommen her
und rasseln voll Schweigen mit ihren wertvollen Waren,
in Gaststätten tranken und aßen sie mit
Offizieren und Tuchhändlern und Bürgern.

Lennep, oh Herz des Bergisch Landes,
Brust und Krone der Welt,
türkis verborgen in stromgeborener weißer Rose,
Gestalt von goldgelbem Chor der Schmetterlinge
erfühle ich durch meinen Gesang des morgendlichen
Silbers im feuchten Reich.

Zwischen mütterlichen Bergen und Tälern
erhebt sich täglich dein erhabener Erdraum,
deine Unberührtheit, eine Flut von Grün,
taumelerregende Weite, damit dich, so winzige
Tuchmacherstadt, die Frachtwagen der Hanse finden.

Die Räuber, die wilden Reiter lauern überall
im Walde ihrer Habsucht von Allgewalt versehrt,
lauern und warten auf beladene Frachtwagen,
auf Boten im Dunkel, überfallen, berauben,
ermorden sie im strahlendsten Licht,
und werfen sie in die Einsamkeit des Todes,
weiterhin vor kühlen Eichenbäumen,
wie Josef, der aus dem steinernen Kreuz
inmitten des Waldes wächst,
einsam, harrend der Boten, und sein Tod
gleitet vorüber, entfaltet, sein Name redet
mit ausgestreckten, steinernen Armen des Kreuzes.

Geheimnis der Ewigkeit

Aber sie, die weiße Herrin der Stadt,
die in meinen Armen, in meinem Herzen
wie eine Woge im Netz
eines winzigen Gestirns vorübergleitet,
sie, der einzige Schmuck in der Abenddämmerung,
sie funkelt auf einmal wie Sterne,
erglühter als die Erde, und über meiner Stirn
sehe ich sie sich entfalten als Nimbus
eines flammenden göttlichen Feuers Lennep.

Der Liebe zu ihr und der Ode unterwarf ich mich
und mein vergessenes Herz mit ganzer Macht,
gleich einer Ewigkeit, auf der unsere Gemeinsamkeit wächst
und es kehrt immer wieder zurück, lieblich,
was sie und ich mit Armen und schmalen Fingern
in den Gassen mit unerschöpflichem Licht
eingeschlossen haben.

Du scheinst ruhig, still wie begrabenes Feuer,
ein geheimes Feuer aus jedem Tag,
der an deine unsichtbaren Tore klopft,
mit einem Schlag entfesseln sich deine weißen Wände,
und du Kleinod erblickst die Welt wie vorher,
fliegst mit deiner Schönheit über alle Berge,
durchläufst das Leben, es zu erhellen,
in gleichlaufenden Wellen reist du um die Welt.

Erreichst der Menschen schlummerndes Lächeln
und das Lächeln der anderen Menschen,
und das kleine Zukunftslächeln
bleibt in deinem Herzen zurück.

Du breitest dich aus als rasendes Licht,
über Weltmeere folgst du deinem Duft,
den letzten Winkel der Erde verwandelst du in Liebe,
versammelst alle Herzen sie zu küssen
mit deinem bergischen Mund aus Schiefer
und weißen Wänden, und mit dem Geheimnis
überflutest du wogenhaft die strömenden Planeten.

Geheimnis eines Gesanges

Dein Geheimnis wandelt mit Menschen
ohne Masken, dehnt sich mit Gebirgen aus,
deine Ströme lenkst du mit Beschwingtheit der Freude,
die in dir ist: eine angezündete Lampe,
eine unsagbare Helle, sie gibt in unsere Hände
die Spende, die die Welt und Erde bewundert.

Dort bist du in der schweigsamen Höhe
über allen Berge, über dem fern ausgebreiteten Himmel
suchend die tobende Blüte des blauen Rosenstrauches.
Schneidendes Licht, gestürzt in die Einsamkeit
der silbernen Woge des Himmels
und in weiter Ferne steil stürzende Felsen
wimmeln, bewegen sich in Anschwellung
deines Echolichts, weiß durchquert.

Aber nicht nur Erdfluten oder durchtobte Weiten
deiner runden Berge mit grünen Armen,
sind in winzige Tücher gehüllt; sie alle
eilen zur Frühmesse mit Schwalben und
zeremoniellen Sperlingen und Nachtigallen,
die beim Auffliegen deine weiße Fläche ausbreiten
über deine Strohdächer,
reinste Lieder singen aus Silber
und weichem samtenem Zwitschern,
das lieblich duftet nach Flieder
im milden Gürtel deines runden Heimatlandes.

Voll Liebreiz berührt dich die Sonne,
Strahlen aus violettem Licht und aus Luft,
rundlich duftende Glöckchen des Orchesters
mit lebendigem Chor der Blütenpollen,
alles so rühmlich dich umsingt.

Die Alte Straße

Dein zackiges Laubwerk glänzt vollkommen spiegelglatt,
einer schwingenden Vogelmelodie gleich, Vögel,
liedervoll und sanfte Gräser, die unaufhörlich zittern,
Nebel, der steigt und steigt und fällt und fällt
und springt auf die Erde fest und sanft, es säuselt
wie die Stimmentropfen einer kreisenden Allee.

Rastlos wirken auf der Erde die Stunden
und Stille verbreitet die Dichte,
entfaltet sich über die Wagenspuren der
Alten Straße, über die Karl der Große zog,
und den Höhen entgegen durch die Pracht
des feuchten dunklen Geflechts der Stacheln;
dort zogen die Mönche ins Sachsenland,
und von Norden zogen viele Pilger
immer weiter, im Verborgenen betend,
der hellen und dunklen Erde entgegen.

Wie aus dem Boden der Erde lauern im Dickicht,
im Dunkel, die Räuber
und berauben und plündern die Fuhrleute;
im Sturm hinterließen sie zerstörte Dörfer
und den Tod auf dem Gras, an Fichten und Eichen
und bewegter Bläue, erfüllt von Elend,
von Feuer und Brandstürmen ihrer Häuser.

In klingender Höhe der bergischen Erde ruhen
ihre toten Münder an der schattigen Helle, erzählen
von der Liebe, ihrer Liebe zu ihrer Heimatstadt;
sie ist in ihren toten Brüsten,
mit ihren Augen schauen sie die Stadt,
sie wird geliebt wie alles Lebendige
und noch mehr in ihrem toten Dasein.

Das Siechenhaus

Sie zu besuchen, im Schmutz am Rande der Stadt,
fern von allen anderen,
unter Schmerzen von der Welt bedroht,
naht sich die schattige Helle dem Siechenhaus,
ihre Qual zu berühren, der Aussätzigen, der Armen,
deren Runzeln die weiteren Armen erleuchten,
entrissen von gegenwärtiger Zeit und Erde.

Sie gehen umher, vergessen vom eigenen Kreise,
die unheilbar Kranken mit zahllosen Augen,
ferngehalten von den anderen, zogen sie sich,
einer um den anderen, zurück,
zwanglos vor sich hin sprechend:
Wir sind, wir sind der Tag der Tage,
sind das tote Licht, daher zählen wir zur Pflicht
jeden Tages, fern von allen allein zu sterben.

An der Kluse, fern von anderen, müssten sie
mit Wind und Ach Fenster auftun,
Tore niederreißen, die Mauer brechen,
jeden Winkel mit schmutzigen Kloaken erhellen.
Getilgt von ihren Schatten erscheinen
die Aussätzigen, zerstört wandern sie,
erscheinen und wandeln in der Finsternis,
bis alles Helle trostlose Freude Lenneper Erden ist.

Zernagt von der verzehrenden Gewalt der Zeit,
gefesselt an ihre Schicksale, ihr hartes Blut,
klafft es schrecklich zornerfüllt aus ihren Augen
wie trübe Höhlung, schroff zu einem Schreck,
den der Himmel durchfuhr von allen Seiten,
und des Lichtes Gestalt der Einsamkeit
sammelt sich auf ihrem Schweigen.
So war es einst, dort in der weiten Nähe,
sie waren auch blühendes Gewächs
des leiblichen Zartgefühls, Menschen,
Monument der Stadt mit Wurzeln im Menschen.

Verwesungsgeruch

Tränen getränkt formen sich die Hände der
noch Lebenden betend in die göttliche Proportion,
die dünne Macht zertrümmert von eigener Kraft
bläst sie über Pocken befallene Leiber,
mit Härte oder Sanftheit der Hände begraben sie
die Verstorbenen in ihren Kirchen,
oder um die Kirchen herum, vollgesogen
von der Erde, von dem Gras,
ihren überschwänglichen Geruch der Verwesung erhärtend.

Sie sind nirgendwo. Die dunkle Masse bindet sie
mit dem ausgeschütteten Sand,
der sie einrollt und steigt;
und unten ist das Wasser, hoch oben die Vögel,
und, die Steine bezwingend, aufwärts treibt es den Tod,
und die Seelen und die Welt
unter der Kühle des Himmels.

Der Verwesungsgeruch der winzigen Menschen
bohrt sich durch die Erde um die Kirchen
und durch die Wände der Kirchen,
steigt auf, klettert auf und ab
und bindet sie, sondert und teilt sich die Räume
mit verseuchtem Wasser der Hausbrunnen.

Der Mensch trennt das Licht von der Finsternis,
und so eilt er stolz bezwungen
und setzt seinen Plan um das Bauwerk der Friedhöfe ein,
sie außerhalb der Stadt anzulegen.

In der Luft schien es zu schlummern
mit grünen Blättern, in dem Ort transparenter Duft;
er regt sich, wurde zu tobenden Kristallen
und lebt im Inneren, wurde Licht und Schwingung,
erhob die Schwingen als rundliche Tropfen,
noch transparenter an allen offenen Fenstern,
entfaltet sich wandernd und singend,
die Frische des Himmels aus Gold.

Das Waisenhaus

Erdreich und Einsamkeit vollenden in ihnen,
den verwaisten Kindern, Tränen und Wind
und Düfte wirken in ihren Hemden,
Erdschatten in ihren kleinen Brüsten,
die das Leben und Gott dort vergaß.
Dort beginnen sie sich zu regen, die Waisen
und gehen hinaus in den Regen, allein,
ohne Eltern und weinen, und so schauen sie
Tage und Nächte, die Armen in den ärmlichen Fenstern
und warten auf die Blüten der armseligen Sonne
in vergessenen Häusern, in der Armut.

Sie sehen, wie dort ihre schimmernden dünnen Hälse,
ihre Verlassenheit, ihre Armut strahlend aufleuchten,
wie dort die Farbenpracht, das seidige Licht,
die Zweige vom Gold der Morgenröte
erglühen, ihre Augen von nächtlichen Tränen verhüllt
in dem armen Haus.

Arme Kinder gab man zu fremden Leuten,
oder sie kamen ins Waisenhaus,
die Sonne wob ihre helle Breite hinein
in die Einsamkeit und segelte in ferne Weiten;
mit ihren zitternden Mündern kamen sie
an jede Tür, wo sie die helfende Hand hinstößt,
sie begaben sich in dunkle Gassen,
und so gehen sie durch die Straßen
und betrachten die Fenster, wo die Düfte
in die Höhe steigen, oder klösterliche Stille
ersteht, mit den Armen zu leben.
Ein himmlisches Leuchten, das die Erde
hervorbrachte mit aller Schönheit
für die namenlosen Kinder, die Winzigen.
Einsam sitzen sie blind und voller Augen
schweigsam wie Wolkenkratzer mit dunklen Blitzen,
verstummt sind sie und verdienen ihr Brot.

Auf dem Markt

Sie kamen aus Köln, Dortmund, viele Kaufleute
vom Grenzland, regnerisch; als sie
nach Lennep ankamen, wie schwer war es,
die Gewänder auf dem Lenneper Markt abzulegen.
Alles war übervoll von Lenneper Webern, Tuchhändlern,
Reichen und Armen, Freien und Unfreien,
Marktleuten, Handwerkern und Ackerbürgern,
Patriziern und Adligen.

Alles war übervoll, selbst die Luft
über allen Straßen roch nach Menschen.
In der Höhe begannen die Glocken zu läuten,
unter der Helle des Himmels bewegte sich
im Lärm ein festlicher Zug zur Kirche.
Nach dem Gottessegen wird der Markt eröffnet.
Der Glücksstern stand über ihnen.
An alle Arme hängte sich die Freude.

Ein Trommelwirbel ist Stimme, die Stimme
aller Menschen, des ganzen Himmels
tönender Chor, indessen alle die Menschen
sich lange Zeit über die Straßen bewegen,
sie befragen einander, werfen ihre Blicke umher,
und man spürt in Augen und Fingern
die Spannung, die Geduld der Münder.

Unter deinem Rund steigt das Leben auf,
steigt des Lebens Grenze in die Höhe,
sie wächst und über deinem äußersten runden Rand
häufen sich die Herzen in Blüten und Gesang.

Die Lennepe

Dein Name glüht und fließt unter und auf der Erde,
so sagen alle Steine im gelben Strahl,
kalt ist dein Blubbern, in ihm sind die Worte kalt,
es ist kalte Glut, die mit deinem Wassermund fließt,
ungreifbare Substanz, stürmisches Schwingen der Gewalt,
das in Schöpfung und Asche klingelt,
glänzt aus der Fülle der Macht, die durch Jahrhunderte
strömt im Rausch, in Dunkelheit und Schweigen.

Du siehst einzig den fühllosen Staub,
erinnerst dich an die lodernden Schreie der Stadtbrände
und an die Hände von Brand und Feuer,
alle Spuren finden sich in dir,
machen dich singen in allen Winkeln,
zu allen Füßen, zu Füßen der Vogelflüge,
voll nasser Fäden, auf Namenlosen erglänzt du auf einmal
als grünes Dorngefunkel, schlank durch die Erde
und Dornengesträuch fließt du,
und mit deinem duftigen Schwellen
frisch, zart und herb, mündest du in Sand und Pflanzen
durch die winzigen Gräser in die Wupper
mit einem längst vergessenen Blatt.

In deinem Fließen findest du inmitten der Büsche
das Licht, empfangen von tiefblauer Erde,
und die Menschen im härtesten Grasland
lockst du in die Bauernhöfe,
mit deiner flirrenden Seide verbindest du
unterirdisch stille Teiche mit dem großen Weltmeer.

Aber nicht Wort und Wasser bist du, die Lennepe,
du bist die Zeit deiner Stadt, Blumenflor,
dein Umarmen bändigt das ganze Dasein,
du nimmst alle auf in deinem Gesang,
der fließt durch alle Münder und gibst ihnen das Licht,
versengt in der Höhe des Himmels.

Ausgefahrene Rinnen der Alten Straße

Deine Rinnen glühen über dem Bergischen Land und der Welt
oder zu Seiten der Pilger, Licht wie ein grüner Topas,
mit Knotenstöcken in den Händen,
geführt von windwachsenden Seilen der unsichtbaren Ferne,
und in Himmelshöhen die Seen mit der schrecklichen Tiefe,
verhaftet mit dem Laubwerk, vergöttert vom dunklen Smaragd,
erzählen uns morgen, was sie gesehen haben.
Die Rinnen tragen die Männer in rauhen
und groben Gewändern, von Stolz erfüllt,
und mit schimmernden Hüten mit Muscheln verziert,
auf der alten Heerstraße ziehend tragen sie die Morgenröte,
die die Klänge der Freude mit Farbenpracht verdeckt,
umringt, sie zu sehen von einer Weite siegreicher Herzen
gelangen sie mit hellen Blicken lächelnd zum Ozean.
Wieviel Schweigen weht herab auf ihren Gesichtern,
wieviel Schweigen, das nur mit den Rinnen spricht
bis hinein in ihre Gebiete, voll von ungeheurem Rauschen,
die duftenden Länderfragmente in den Lüften,
sie alle fanden ihre Pulsschläge, in den getragenen
schweren Steinen, sie säuseln in den Wäldern,
in der Höhe mit Tränen in den Augen,
sich von Angesicht zu Angesicht kennen zu lernen,
von den Hügeln her,
Hoffnung und Segen der menschlichen Sterne,
mit den Lampen des Heiligen.
Und alles im Bergland möchtest du heute erzählen, aus allen
Winkeln deiner Rinnen, wieviel Geschichten und Kämpfe
und Enttäuschungen, Siege, die du erglänzend
Jahrhunderte im Herzen trugst, durch den Luftraum gehen
Grüße und Gedanken, Grüße der bergischen Höhen,
des Ozeans Grüße, Grüße, die bis nach Nowgorod gingen,
die dir die Tuchhändler mitgegeben haben,
die Jakobsbrüder, die von ihrer Pilgerfahrt
aus Compostela zurückgekommen sind,
deine Lenneper Bewohner in deinen Mauern
und die Glocken, alles ist in den ausgefahrenen Rinnen
aufgeschrieben, und viele verschwiegene Dinge,
die jeder zwischen Haut und Herz trägt.
Eine Botschaft hatten sie alle.
Sie heißt: Grüßt Lennep!

Des Rundlings Kirchenglocken

Von Mauern umgeben wie von einer Burg geschützt,
die Stadt Lennep,
und vier Tore möchten den Menschen erzählen
mit großem Schweigen von verschwiegenen Erinnerungen,
die jeder inmitten seines Herzens trägt,
von Blut und Schmerzen, vom Sieg des Feuers
will die Flamme aus den Mündern des Bewohner sagen:
das wird irgendwann sein, ein andermal sein,
eines Tages mit großem Schweigen.

Ein großes Schweigen erbittet sie von den
Mauern und den vier Toren,
sie bittet die Mauern um Schweigen,
in ewiger Stille herab bis zu dem Flüsschen Lennepe,
sie fließt in der Stille, redend das Schweigen durch ihren Mund
von eiskalter Habsucht des schwarzen Todes,
von Pest verfolgt und dass sie nicht wiederkäme.

Der Schreck verheimlicht Angst und Tränen,
verbirgt ihre Tode mit ihren Händen,
bewahrt die Lebenden vor dem Tod,
und in Lennep sperrt Gott die vier Tore
und unendlichen Wege, erneut errichtete Zonen
und trostlose Schatten um die Geruchlosen.

Die Kirchenglocken läuten Ave Maria,
es schwingt sich auf zu des Weltalls Helle
ohne den Blick zu verschließen, schaut die ganze Zeit,
um die ganze Zeit die Schmerzen zu fühlen,
und die Leiber spiegeln schwarze Schreckensbilder
in sandigem Schlaf, gefesselt an trügerisches Lächeln,
aufgesaugt von grüner Kälte, sie sterben mit ihnen
in Knoten der Augen, die schwarze Funken sprühen.
Auf dem Kirchhof unter der Erde ruhen viele Menschen
und schauen durch die Erde, nicht durch die Zeit,
sie ist transparent in der Höhe,
sie lässt niemanden hinab blicken,
wo die Einsamkeit mit Lenneper Tuchen bedeckt ruht.

Bettler auf dem Markt

Im Nebeldunst des Morgengrauens, aus dem ein Tag
geht, gefoltert bis zum Irrsinn,
gerieten sie leer wie eine rohe Maske eines versiegelten
Bebens durch nachgedunkelte Straßen aus Erde und Stein,
aus denen sich der Hall der taumelnden Schritte,
der Füße der Bettler, Krüppel und Blinden verlor.

Ihre Wimpern schweigen niedergesenkt
in wogender Einheit der weitreichenden Münder
auf allen Augen des Tages, von denen sie milde Gaben erhoffen
oder etwas davon, was von allen Seiten mitschwingt,
um zu erfreuen die großen Trommeln in ihren Herzen,
die tagtäglich dröhnen wie maßlose Steine
und verstummen unter dem unbarmherzigen Starren.

Der Blinde, der Planet in Himmelsbreite, helles Dunkel,
hört machtvoll die zerteilten Schritte wie
in einem Dunkel der schwingenden Helle,
tritt heran zu ihm, sammelt seine nächtliche Dunkelheit
und das Schweigen, erhoben mit den Händen seiner Augen,
zu hören zerstäubte Klänge, versehrt mit weißen Augenhöhlen.

Der Krüppel, begrabener Fels des Lichtgewichtes,
ordnet seine Beine, erprobt die freien Hände,
ausgestreckt wie verehrte Tore
mit versunkener Würde seines Antlitzes,
mit gewohnter Einheit starrt er in sein Lächeln,
dann hinab und dann schleudert hoch
sein harter Blick, der unerreichbaren Unendlichkeit entgegen,
zerklüftet von knisternden Narben seines Schmerzes.

Betende Hände erhoffen herausgestreckt milde Almosen,
sturmzerwühlt in irisiertem Lächeln,
violett überzieht sie ein unendliches Ach von Hoffen,
in dem elende Armut glüht, und der Hunger
pocht mit Unbarmherzigkeit, mit scharfen Stacheln
auf die Brust, durchtränkt von seinem Gebrechen
beim Gären ihrer verdorrten Tränen.

Die Klapper der Aussätzigen

Von dorther, abseits der Menge, kommen die Klappern
gespenstisch, der Schmerz ist sein Name
und wirkt wie ein verzehrtes Lächeln,
gefesselt an ihre Münder, unauffindbar streift er
alle Lenneper Straßen, Gassen und schon ermattet hinrasend,
schlägt er gegen die Schneide der Finsternis,
durchquert die leeren Gänge der Armen, der Aussätzigen,
geschleift an ihren zerrissenen Hemden,
getränkt vom Schweiß, verschließt sich wie Klostermauern
in ihren glitzernden Augen,
sie sind unbeweglich und starr, ertränkt in Tränen.
Sie stehen im Abseits, die dunklen kranken Leiber,
grausam an die Macht des Schicksals genagelt,
jeder Tag wie ein Dolch das Licht in ihre Stuben drängt,
im Flug die Leichengänge der Verstorbenen zu inspizieren,
zurückgehalten von der Verwesung werden
die nächsten Opfer der Namenlosen gezählt.
Mit sauren Schweißströmen gesalbt beten die Gaben,
bevor sie zwischen Erde und vergessenen Jasmin treten,
sich betrachten an berauschendem Gestank,
ihre Auferstehung versperrt von allen Toren,
die verfinstert sind, kalt wie Steine in der blindwütigen Kraft,
mit grässlichen Fratzen in der Hierarchie des Todes.

Sie stehen und stehen zitternd auf dem schutzlosen Gebiet,
langsam ertränkt von allen vorbeigehenden Gesichtern,
vorüberzugehen, sich mit Leuten zu mischen,
ausgestreckte Arme nicht bewegen dürfend,
nicht die Gesichter, vom Grausamen ausgebreitet,
überflutet von dröhnendem Klappern,
vermummt in einem von Erniedrigung,
der Menschenwogen in Verachtung verschlungen,
vom Brand der Einsamkeit übergossen.
Hier ruft ein dumpfer Erdschrei,
ein Ruf, der von Entsetzen schwarz, fragt:
Wer sind die Kranken, die Aussätzigen,
wer die Lebenden?

Die Stadttore

Die gleiche Menschenmenge ist es, die
für die gleichen vier Tore war. Sie bedecken mit
Schritten von überallher die Lenneper Straßen,
mit feierlichen oder zerlumpten Kleidern besetzt,
mit beflissenen Glückwünschen der Stadt empfangen,
die sich gute Geschäfte verspricht.

Sie gehen durch die vier Tore, und Marktgelderheber kommen
hinein durch die Stadtmauer, vom Priester getauft,
überwachen die Schutzwälle und die Bürger;
zusammengedrängt gehen sie von einer Seite auf die andere,
ganz einfach in den Gassen zu leben.

Schließlich brachten sie die Obersten Gesetze ein,
die vortrefflichen, das respektierten die unantastbaren
Gesetze des Volkes für die Stadt,
für die Bürger der geräumigen Häuser,
Gesetze für Arme, für Privilegierte,
Gesetze für Schulen und Kaufleute,
Fuhrmannsleute, für Verbrecher,
die Lenneper Richter verurteilten,
ein Gesetzbuch für die Bürger der Stadt,
verbürgt im Gesetz des Doppelten Rechts.

Wie Bienen beschwingt, in allem,
was vor Bürgern geschieht, in allem
was vor ihnen geschieht, in allem,
was kommt tief unten zwischen den Toren
und oben im Reichtum, mit den Menschen,
mit ihnen, mit deinem Volk und Gesetzbuch,
das das Bergische Land umschlingt,
besser aber die Welt mit Lenneper Tuch;
fädle sie ein, fein und zart, einfach und heilig,
lieblich und voller Notwendigkeit zwischen Mauern
erwecke zum Leben das tägliche Licht,
ohne das Gesetzbuch zu missachten.

Hier beginnt das Licht

Hier beginnt die Bannmeile von Lennep
und hinter der schwingenden Vogelmelodie,
dem alten Greuelhof und mit singendem Mund der Hirten,
der Hirten des Birgdener Hofes
ruht lebendige Melodie der Nacht,
Bewegung, die mit Tiefblau ringt,
und dort ist jeder violette Tag
mit Lippen des rastlose Lichtes
entstanden aus festem Gefüge der Helle,
unveränderlich von der Erde erhoben,
herrlich von der Schönheit singend.

Alles wogt unter der Freude der offenen Fenster,
und die Sonne ist entflammte Bewegung
angehäuft in durchsichtiger Klarheit der Freudenstrahlen,
rastlos und unermüdlich, Strahl um Strahl
rinnt es durch die Weite, Glanz verleihend
den blauen zahllosen Schatten, klirrend
tun sich alle Fenster auf,
sie tun alle Fenster auf Erden auf.

Nichts ist unveränderlich in der Stadt,
und die Gesichter der Bewohner gewöhnen sich
an die Größe der raschelnden Güte der Erde,
in Ähre verwandelt, in Wärme verwandelt;
sie trägt das Licht in die fernsten Herzen
mit Schwellen der grünen Düfte sich ausdehnend,
dem Gesang vollkommen übergeben.

Ein Gesumm geht den lichten Wolken voraus,
und der Himmel, hoch von Blau gewölbt,
glatt wie die Augen der Geranien am Fenster glänzend,
trommelt mit transparenten Blicken des Weltraumes.

Regen

Vorübergehende und Bewohner treten auf die Straßen,
bewegen sich, in Tuche gehüllt, eilen, verlieren sich,
tauchen wieder auf in den Straßen und Gassen,
bei jedem Regen versinken sie im Schlamm,
bespritzt mit Schmutz der ungepflasterten Straßen.
Sie blicken auf und vorüber sind sie,
man sieht nicht ihre Gesichter noch wissen wir,
ob aus Gebirgswasser ihre Augen sind
wie flatternde Schatten,
sie sind zwischen den Gassen und Straßen, vorbei
an jedem Haus und jedem Baum, bleiben unversehrt
und finden sich in feuchter Nässe beisammen.

Niemand hält den Regen auf. Das Wasser durchdringt
vom Himmel her alles und ein ausgebrochener Donner
zerbirst über den Strohdächern und wird zum Riesen,
Gedröhn erschreckt die Einsamkeit,
die Menschen verwandeln sich in die nackte
Stimme des düsteren Himmels mit geschlossenen Augen.

Die armen Kinder weinen ihre Freude in den Schlamm
und bleiben dort Stunde um Stunde,
und fröhlich singen sie das Lied des Regens,
der die Berge und Weideflächen fruchtbar macht
und Rinnsale schmückt und in Ruhe
hinfließt auf der alten Erde bis zum Grund,
wo die nasse Erde schlummert.

Die erwachte Transparenz der Stadt schaut
weiß und weiß und grau auf die Erde,
auf wogende Weideflächen, Wälder und Berge;
sie kam von anderen Erden her
als unsagbarer Wohlgeruch der Himmelshöhe
nach Lennep, die herrlichen weißen Schatten,
den stillen Strom der Lennepe mit den Stufen
untertauchend in die grüne Strömung der Wupper.

Das Licht, deinen weißen Häusern gleich,
das dir sein leuchtendes Weiß verleiht,
alles was lebt, bewegt sich im Regen,

begleitet von weißen Schatten,
ein versunkener Chor der uralten Zeit,
eine Regung, Verwandlung der Welt im Nebel.

Bergisches Fuhrmannslied

Wie ein kristallinisches Wogenecho schallt der Gesang
über das Bergische Land, riesenhaft wächst er,
wächst der Gesang, das Fuhrmannslied,
wächst von grünen Höhen her über Bergisches Land,
über allen Hügeln der Höhen der Erde,
die Fülle des goldenen Farbentons überflutet die Wälder
wie ein Wunder auf allen blauen Hemisphären,
löst einen Windstoß aus,
verteilt das Fuhrmannslied in die Weite,
nicht für ein Land nur, nicht für einen Menschen nur,
für alle, die mit dem Gesang
der Erde zusammen wandeln.
Und die Eichenbäume und die Tannen und Birken
wie die Lippen des Liedes zucken oder schwingen,
und die Wogen der Ähren geben acht
und öffnen die Augen der Weiden und Wiesen
in den Glocken des Lichtes,
dass das Lied über allen Ufern die Küsse entzündet
und das Grün, es liegt leicht über sich selbst
geneigt in dem Echo des Liedes, lächelnd
feiert es, eilt mit ihm voran und dem Leben
der Fuhrmänner, ihre Freude
mit anderen, vielen anderen aufdeckend.

Sie flossen zusammen, der Gesang und das Lied,
beziffert von dem Licht der Bergischen Erde,
reißen entgleitend und stürzen kaskadenhaft dahin
mit Steinen und Schwingen, mit klingender Gradheit
in hellem Ton, wandeln am Mittag an jedem Ort
ohne das Gute, die Wahrheit zu fürchten,
strömen dahin, kündend die Gestalt in Klängen,
die weiterzogen mit eherner Stimme um die Welt.
Da zeigt hoch oben in den Bergen
sich die schweigende Weite
mit geblendeten Augen, zeigt uns die Wagenspuren
der breiten Räder, der vier starken Rappen,
Fuhrmannsgrüße in der geheimen Sprache;
sie liefen nebeneinander her, geschmiedet von Sonne,
Regen und Nebel, die miteinander kämpften
im Jahrhunderte langen Erdenrund.

Das Lenneper Flüsschen fließt

Schwankender Flug, verborgen in Ackerfurchen,
könnte die Erde aus grünem Schweigen äußern
mit der Stimme der Bergischen Heimat,
mit einfachen Stimmen der schweigsamen Winkel
der Lenneper Gässchen,
da fließt das uralte Licht über,
man hört nur ein heimliches Flüstern,
es lässt sich nicht berühren,
ganz deutlich redet es mit der Dauer der Schönheit,
wiederholt in dem, was alles lebt und
weiß unfehlbar, wo die Freude geerntet wird.

Das weite Bergische Land findet man
zwischen den Händen der Bewohner, singend
die Nachricht vertreibend
von dem Krieg der Religionen und dem Feuertod,
der Trümmerstätte, dem Elend
und dem unbarmherzigen Schicksal
der Soldaten und Bauern,
alles bewahrt das Lächeln der Zeit,
und die Augen, die das Leben kennen
und die Stimmen der Herzen der Wälder,
die Stimme des Regens und Sturmwindes,
und die Glockenklänge der Erde
gleich einem Herzen aus Schall
teilen Warnrufe und Freude und Hoffnung aus.

In der Stille des Vergessens, in Scharlachflut
im Lenneper Raum fließen Erde und Zeit
und sinken nieder mit allen Augen vor dem Giganten,
der liebliche Duft in Farbenschmuck eilt vorüber
in schimmerndem Schweben. Das blaue Gleiten
der Hügelketten der Berge,
der Steilhänge aus Granit wie schwarzer Achat
wird erhellt zwischen der grünen Weite,
dem Himmel und dem Steinbild aus Licht.

Der grüne Schleier

Und der unendliche Blick, befreit von
unsichtbaren Armen der Zweige
legt sein warmes Gewicht auf die grüne Erde,
ohne sein Glück von den winzigen Geräuschen zu verdrängen,
versenkt in das summende Dunkel der Wälder,
schaut in die wogenden Schattenfragmente der lauten Farben,
sie umschlingen ihn, wehen im Wind mit ihm und tönen
durch die grüne Helle, ohne ein Ende seines Blickes zu finden,
in dem grünen Schleier verteilt.

Also, der Blick zieht über das Bergische Land,
alles Aroma der Blätter zieht dahin über die Erde
ohne dass sich die taufeuchte Stille wandelt,
sie fällt mit Dufttropfen nieder mit dem Blick der Augen,
mit dem Blick der Augen,
sie rieseln nieder als winzige Tropfen
unerschöpflich auf die wilde Schönheit,
die Erde zu füllen, die Wiesen,
die Glocken der Bergischen Ferne.

Oh urwilde Schönheit, fest wie deine Steine,
ungebunden, ungebändigt, ohne Gewissensqual,
frei in der stolzen Haltung
der grünen Helle ohne Ende,
erdhafte Vollkommenheit von schlummerndem Wasser,
pralle und rastlose Unversehrtheit,
mit hinwogendem Duft hallst du täglich,
hallst du durch unbezähmbaren Ursprung,
erhellt von geheimem Rauschen,
entfaltet dauerst du in deiner tönenden Macht
in der Morgenfrische ewiglich.

Weißgraue Hoheit

Zur Würde deiner Schönheit erhöht die Erde
einander gleiche strahlende Lichter,
bescheidener Stolz der Bürger schenkt jedem
ihr Lächeln, der blauen Kühle gleicht
überreich intoniert in sturen kargen Worten,
mit Einfachheit jeden empfangend
wie verborgene Wesen, geheime Werte,
die die Schönheit des Lebens schauen,
und immer mit aller Einfachheit
sich mit jedem Tag schmücken.

Durch die Lenneper Straßen wandernd
wandert man durch die Jahre,
sie drängen sich in ihre Augen, glücklich
begrüßend den Tag, der naht, die Minuten
die vorüberrennen, bedenkenlos alle Sachen verbergend
in den Vorübereilenden, Vorübergehenden,
eingeschlossen in die Gässchen, in die Zeit,
wie die Glocken. Sie wächst an, sie wandert
in ihrem Inneren und steigt auf zu dem Lächeln,
es trägt die Zeit, eines Blitzes Erinnerung.

In ihrer Freude aber scheint heimlicher Glanz,
überströmt von Duft und Vögeln überall,
sie kommen hervor ans Tageslicht frisch
aus dem Erdinneren, dort verbarg sie
die tief schlummernde Erde, die verborgen singt,
kündend die ewige Geburt, und mit Händen
gleiten sie über deine weiße Gestalt,
berühren die Bäume und offene Fenster,
die jeden umarmen, an jeden geschmiegt
fühlt man das Licht, das rinnt durch die Straßen,
eigenes Licht, es strahlt sanfte Hoheit aus.
Zuweilen müde schlafen sie, die Bewohner,
auf der Erde ein,
die ihre Stadt lieben und verteidigen,
steigen in die glühende Wärme der Sonne,
lieblichen Duftes voll,
und mit einem Gesang wecken sie sich
und die anderen zwischen Kuppel und Kuppel,

und das Licht kommt so angenehm singend
wie die Bergischen Fuhrmänner,
singend, so wie sie, das Fuhrmannslied singend,
tönend und rauschend wie das Wasser des Lenneper Flusses,
das ruhig dahin und vor jedem
Stein und Baum unter der Erde fließt,
hinter jedem Fuhrmannslied hereilt,
dahin bis in die Berge im undurchdringlichen Dickicht,
das Meer und Meeresfluten zu erfühlen,
mit dem ewigen Lächeln deines Volkes.

Echo der Stadt und Wälder

Das Echo ist nachtfarben, eben von der Stadt
entfesselt, breitet die Flügel aus
und rast weinfarben und blickt in die Fenster,
und rast über die Fichtenwälder und Tannenwälder,
wäscht die ozeanischen Augen der Eichen und Felsen,
strömt über Lenneper Wege,
und dann braust es jäh die Himmelshöhen hinan;
von da wollte es die Augen sehen, umfängt sie
und sie vergessen sich, denn sie sind ein
und dieselben, die auf der Erde starr wachen.
Aus seinem Dröhnen zuweilen rissen blaue Töne
wie ein ferner Strom, sie tragen Blau,
und aus dem Rot herunter gleitet ein stummes Gebilde,
wächst ohne zu ahnen in schweigsames Blau,
gleich einer riesigen Stille,
die auf einmal im Schweben ruht,
bevor sie blanken Lenneper Boden berührt,
erreicht nicht einen Mund sondern
alle Münder sprechen mit ihren Händen,
künden von der ganzen Unruhe der Stadt.
Man hört das Flüstern der Straßen und Gässchen
wie eine schweigende Geige im Gras,
die schwarze Dämmerung in allen Augen
birgt alle Stunden in anderer Schärfe,
oder ferne Blicke von schwerer Reise kehren heim;
und als sie die Bewohner finden,
klopfen sie an alle Türen, dass sie sich auftun möchten,
die Wände, die Wege, die Fenster,
sie öffnen sich eben angekommenen Boten,
und auf tun sich die Augen
und die Münder der Bewohner.
Und er, Adolf Clarenbach, ist dort geblieben,
in Köln, niemandem untertan,
mit seinem Leib und seinem Feuertod;
Feuer und Funken fielen aus der Weite nieder
von seiner phosphorischen Stirn,
seine Kräfte messend und seinen Leib,
von dem Scheiterhaufen verströmt
in die Luft, in den Rauch,
in die gestorbenen Lenneper Straßen und Gassen.

Adolf Clarenbach, ein evangelischer Christ

Verstoßen von der Erde, fern von ihren Strömen,
der lehmigen Erde, lebt er ernst in seinem Glauben,
sucht ihn Tropfen um Tropfen, Funken um Funken,
Staubkorn um Staubkorn auf seiner Erde,
gelb ist das Lächeln seines Antlitzes,
glatt ist sein Lächeln von Edelfunken, ergreifbare,
zersprungene Augen ist er, sie steigen auf,
umspannen mit Fäden des Feuers jedes Fenster,
bedeckt mit dem Sturm der Schmerzen und Transparenz.

Vielleicht, vielleicht geht er in dieser Minute vorüber,
wechselt er abermals die Flamme und vergeht
und kehrt zurück, abermals der Erde umgewandelt,
und kommt endlich an sein Ziel der Reise,
so dass sein Tod eintritt und in jedem Herz
seine Heimat Lennep als Flamme findet,
Blitzstrahl, lichte Wolke im Gesumm des Himmels.

Purpurrot ist das Haupt des gestirnten Sohnes,
seine Augen glänzen wie ein Goldschwert glatt,
und unter seinem Blick ist der flammende Blick der Zeit
schneckenhaft gewunden, aufgelöst in der unendlichen Bläue,
trägt zum Scheiterhaufen Vögel, bläuliche
Topase der Sonne, von Schmerzen besessen
wie ein ziehender Schädel im Rauch der Flamme,
wandernd saugt er sich voll vom gelben Knistern,
mit vergänglichen Tränen des Sterblichen,
und nichts bleibt im Inneren der unbeweglichen Asche.

Der flammende Wind funkelt, bewegt den Tag,
durchschwebt Strahl um Strahl
die glühend graue Asche,
und rennt mit flammenden Füßen
und wischt sich mit seinem Lächeln,
aufgewachsen im schwarzen Rauch
sammelnd das verbrannte Menschenfleisch.

Und die Bewohner lauschen niedersinkend,
lauschen aus der Weite her dem Feuergeprassel,
dem sanften Weinen der Eltern voll

schmerzlicher Narben, als das Feuer
zum Himmel hochfährt,
der alles Licht und alle Schatten hat.
Die bergischen Gesteine,
die seine Gebeine behielten,
heulen in der Finsternis
und tasten an sein Leid,
die Flamme seines Leibes reinigt die Stadt,
und die Welt erleuchtet ihn, den Verstoßenen,
weist ihm, Kristall seines Kristalls,
den Weg seines Glaubens
in der Flamme seines Feuers,
den seine Heimat Lennep findet.

Clarenbach-Denkmal

Von welcher Art ist das weiße Stein-Denkmal,
ernährt von rauschender Härte der Erde,
wonach er duftet, und das Lächeln des Einsamen
nach welchem Blatt, nach welchem Stern,
überlassen den Wogen des Windes,
stachelstarrend aus hellem Volumen und silbern,
unbeugsam in seiner hingestreckten Höhe,
in seiner Art strenges Bündnis der Vollkommenheit.

Erdhaft und taufeucht, von einem Dunkel beschirmt,
bewahrt es die geheime Nahrung der
glänzenden Stille, geglättet
von einer winzigen verkohlten Stimme,
geformt von windenden Fingern
der machtvoll ausgestreckten Milde,
um schmiegt von Luft und Zeit,
dem Vergehen überlassen ruht es eintönig,
und über ihm schweift ein schattiges Licht
in der Nähe des Buscherhofes umher.

Glashelle Zeit schenkt ihm durchdringendes Licht
und die Heimaterde suchend, erkennend,
von welcher Art seine Stille ist,
waldhaft bespickt mit geheimen Düften
seines Erdendaseins,
bis die Luft sein Gewicht
mit milden Wellen der Höhen sprengt,
vertilgt er sein Reich
mit grausamer Einheit von Erdenstaub.

Die machtvolle Stille in kristallener Sprache
und ein winziges Schweigen
erheben sich aus seiner verbrannten Asche,
lieblich stürmen sie, die zertrümmerten Gesteine schüttelnd
wie einen Erdenstoff von Salz und Aschengeruch,
und dann tönen sie wie tosende Harfenböen
über durchbrochene Erde
und zerfallend eilen sie heiter hin zu
seiner Gestalt, seiner Wohnstatt,
und wieder vereint

dienen sie dem Willen und Wahn der Menschheit.

Wie mächtiger Fels klirrt, sucht er seinen Schatten,
fühlt die Kühle in sanfter Asche,
schließlich sich selbst glashell,
über ihn trommelt jeder Tag, verlangt nichts,
und am Abend ruht das Feuer, kehrt zurück,
stürzt sein Gewicht in die Luft,
tritt in die Weite in irgendeinem Traum
herrlich aufsteigend am düsteren Himmel,
knisternd kündet er den Lobgesang des Evangeliums
in schrecklichen Wallungen, ohne zu verbrennen.

30-jähriger Krieg

Harte schöne Stille des alltäglichen Lebens,
die die Berge, Höhen der grünen Breiten ausstrahlen,
Wohlgeruch des rauhen Friedens, herrlich
in festgeschlossenen Wiesen und erhabenen Tälern;
lang, sehr lang lag es im Lächeln der Bauern
und würdigen Kaufleute, gleich einem Riesengebilde,
leicht geöffnet wie eine junge Rose
auf der regennassen Lenneper Erde,
und feine und feste und unbezwingbare Tannenzapfen,
machtvolle Eichenzapfen.
Von hier geht die winzige Helle aus,
ruhevoll, unbewegt in der Geborgenheit,
Puls des Lenneper Glanzes, Mehl und Brot
wuchsen aus dem Licht des Lebens.

Die Vorüberhastenden, das Land aus der Sicht verloren,
sehen doch den Krieg waffenstarrend;
er schmeckt schwarz geschwellt von fliegenden Pfeilen
und leichten Rossen und schneidenden Säbeln
und Lanzen der Krieger, und ihnen gegenüber
umhüllt das Blut die Wege, treibt die Schreie
der nackten Zerfetzung der Helden,
und schneidendes Licht der Bauern, und alles,
was sie in sich trugen im Laube bebt,
klingt in Stimmen des Feuers aus jedem hartgrauen Stein,
wie alles, was die Augen sehen,
durchbohrt von wahnsinnigen Lanzen.

In Wäldern, in Orten, in Höfen trommeln
heilige Trommeln des Sieges und Leidens,
und das Schweigen, sich zurückziehend,
vereisend, spricht von dem Tod,
der durch die Schreie versprengt die Lanzen
und Schwerter der Hungernden, der dezimierten Menschen,
gebrannt in ihren Wunden,
den geschundenen Leibern, und winzig,
fest wie ein Schrei, fand er ihre
zerfetzten Schädel, eine mauerhafte Dichte,
winzige Schätze, Schwerter und Gold
birgt die Erinnerung, die Lenneper Erde.

Nicht nur die Erde erhebt ihre
aschene Stimme zum Gesang,
auch spricht und singt das Vergehen,
es lebt in ihr mit seinem Licht,
seinem reifen Kreuz,
und unter den Gütern der Erde
rühmt sein Glaube
seinen unerschöpflichen Frieden,
vor allem seine aschengraue Essenz,
die niederströmt in seinem Lande
und in Lennep, durchmisst
seine Einsamkeit in der Länge
und Breite, überquert die Weite
in zitternden Wellen,
in anderen Breiten leer senkt sie sich
in die Erde,
hier Erden und Erden,
und verstummte Erde, herzlose Erde,
blinde Erde,
so ist das Gesetz des harten Vergehens:
Ruch des Lichtes
unter und auf der Haut der Erde.

Der Brand

Und das Feuer hob seine Arme in die Höhe,
unmerklich in die Flammen getaucht und gleich einem
riesigen Strahl von der Erde, von den Lenneper Häusern
zum Himmel gerichtet wies es über Häupter
der Bewohner den Schrei und das Kreuz, unbeweglich.

Im sturmbeherrschten Bogen verlöschten alle Schreie
und Ängste, einzig an den Himmel geheftet, eisenstarr
durchwühlte es die Lenneper Häuser, die Fenster
ergreifend, stürmte wie eine Woge, die Flamme
ergreift die Dachstühle, greift die Schindeln,
Strohhalme auf allen umliegenden Dächern,
prasselnd und knarrend verzehren die Flammen
Holzschindeln und Strohdächer, Türen, Weltraum.

Zur Himmelshöhe flattern die Flammen,
weiter zogen sie, weiter vom Wind weggeweht,
mit Sturmeswehen rollt die Gewaltigkeit,
sammelt den tönenden Laut in Glut,
ein rasender Gürtel von Rauch und Flamme.

Es ließ sich an einer Seite der Gassen nieder
und umringt das Weinen und die Schreie in der Flammenspitze,
sperrt alle Hoffnungen, reißt und gleitet abwärts,
sie wahrt den Himmel, anschwellend
von dem Rauch schwarz bedeckt, wechselt
die Richtung, entfaltet sich krumm wie eine Finsternis,
rast wie eine hinfliegende Grausamkeit
und kreist in wildem himmlischen Schrecken durch die Stadt.

Von Flanke zu Flanke bebt der Tag, fährt
mit Blitzen durch die dichten Gassen,
und plötzlich stürzen viele Dächer herab
in flammenden Staub, empfindungslos sich verlierend.

Ein Schreck, Schrecken beim Aufschlagen der Körper,
beim Feuerwind Schmerz, beim Sturmwind Schmerz,
und dort in Bergischen Höhen hin und her
schwenkt die Stadt Lennep,
es bebten Tannen und Eichen,

ihre göttlichen Wurzeln, ergriffen vom Blut
der mächtigen Schlacht, und das Grüne
ruht am Boden der verteidigten Heimat,
die Furcht der Heimat, sturmgeschüttelt
beugt sie sich unter dem Sausen
der wilden Horden im Namen der Kreuze.

Ora et labora – Bete und arbeite

Und es regnete auf Lenneper Strohdächer,
auf das dunkle Laub nieder floss das himmlische Wasser;
von Westen kam es, der Donner hat es erschüttert,
die Einsamkeiten gelichtet, das Laubwerk klopft
und fällt, in eine sturmbewegte Bö eingehüllt
und stürzt hinab und erhebt sich, das Korn, das Gras,
Kraft der Saaten, vorbereitet von der Erde.

Zwischen Bäumen und Bäumen das niedergehende Wasser
in schräger Transparenz, das feuchte Blau in Gassen,
sich ausbreitend fließt es kreuzend, schmückt die Rinnsale,
die transparente Kraft, glänzt, glänzt, fließt
zwischen Erde und Häusern in stürmischem Rhythmus
in diesen Tagen der bergischen und irdischen Einsamkeit.

Der Regen hinterlässt auf dem Gras Borke von Fichten
und Eichen und Nadeln der Tannen,
und am Schweife des Windes die Sonne,
bewegte Bläue erfüllt Lennep mit Wohlgeruch,
wie kaskadengleich stürzt mit dem Licht
eine Fülle von grünem Feuer, erhebt sich
über klingende Höhen, plötzlich durchwogt eine Luftwelle
alles Lebendige, strömt ins Lenneper Dasein.

Zwanglos, beschwingt, munter eilen die Bauern,
mit ihren Augen schauen sie das verhüllte Licht,
ohne Hast, ohne Worte machen sie ihre Bewegungen,
von einer Seite zur anderen gehen sie mit ruhigen Händen;
sie müssen ihre Pflicht erfüllen, bis alles Helle ist
und Freude auf dem Erdreich, auf Bergischen Erden.

Sie regen sich, bewegen sich unermüdlich die ganze Zeit,
sie befragen einander, werfen ihre Blicke umher,
und man spürt in ihren Augen und Händen
die Spannung, Fleiß, Geduld und Fleiß.
Es quillt das Wasser, sucht die brodelnde Sonne
und singt, und alles sprießt und wächst
auf Erdschollen und rauscht und ein Vogel singt im Flug,
im segelnden Licht, über Wurzeln und Laub.

Zwischen Himmel und Erde legt sich die Flamme nieder,
die hochgewachsene Flamme und entkrönt
mit goldenem Strom die Sonne,
dringt durch dunkelste Fensterscheiben,
und die stürmisch schwankende Helle
umhüllt alle Breite,
schwer vom Gewicht wächst es an,
bewegt die Helle mit unerschöpflichen Funken,
schaukelt die Lenneper Herzen und Häuser,
wartet, kehrt aber zurück, heftig die zerrissenen Netze
der schwachen Augen der Menschen erschütternd.

Durchsichtig und tönend, furchtbar im Laubwerk,
in dichten Tönen des duftenden Holzes,
steigt auf und sinkt durchdringend ein Leuchten
in der Finsternis des heulenden Himmels.

Und nun war es nicht mehr, waren die Häuser
nicht mehr da, die Erde und winzige Menschen
und viele Häuser waren verschwunden, vernichtet,
derart zerstört, derart zerrissen,
fühllos aber verschlossen in stumpfem Ruch
der verkohlten Wurzeln, mit aufeinander gepressten Lippen,
die Heimaterde, das grüne Silber zu Staub verbrannt.

Stille Gassen

Die Gassen blicken aus der Zeit, aus den Schatten
der Gassen her, unterdrückt segeln
zuweilen feine Strahlen breitgelagert
in der Helle, zart berühren sie die Stille,
eingefügt in den Raum im Bereich
des erfrischenden Dunkelblau.

Dort wachen die Bewohner in ihren Gemächern
und oben harrt der Himmel und des Himmels Blau,
unten ist dürftige, regennasse, wachsame Lenneper Erde
sind die Strohdächer der Häuser, ein warmes Gewicht,
schweigsam zwischen Licht und Licht,
Lennep umkreisende winzig kleine Geräusche
und erdumkreisendes Licht.

Unter den Vordächern der engen Gassen
und durch die fliegenden Lüfte bewegt sich
weiträumig die Frische, rund umfassend die Wände,
mit Frischefragmenten umfassend die Ferne,
entflammte Berge grün und grün,
wohlklingend wie Glocken der reinen Erde,
so hoch ist der unsagbare Duft der Stille,
ein Aroma umhüllt von engem runden Lenneper Raum.

Es fällt ein Blatt und noch eines vom Eichenbaum,
ein Tropfen und noch ein zerkleinertes Blatt,
fällt und fällt in die Stille ein,
ausruhend in seinem Flug,
in der heilen Ermüdung in Wäldern, in Wiesen,
sucht die angehäufte Breite des geheimen
Bewegungsbruchs, mit und ohne Erinnerung strömt die Erde,
blind übergeben der sieghaften Wanderung sinkt es
von Haus zu Haus, in seiner Dauer fällt es,
dass ja jeder atmet, ja jeder hört,
wogt in seiner Farbe aus Helle ohne Erde
und hüllt sich in alle Gassen schlummernd ein.

Heimliche Verborgenheit

Das weiße Gleiten mit grauer Breite
über Blau und unvergänglichem Weiß und Grün
auf jeder Tür und jedem Fenster der Häuser
hinterlässt in allen Augen bergische Hügelketten,
Steilhänge, aus Schieferstein zersprungen,
erhellen die Schönheit, gezeichnet von ununterbrochenem
weißen Achat, dessen weißgraues Standbild
mit regengetränktem Duft den engen Gassen entströmt,
von der Stille erfasst fühlt es Unbeweglichkeit,
bewirkt vom bescheidenen Stolz der ewigen Dauer.

Von grünem Samt umringt steigt man in krause Schatten,
die Verlassenheit müsste dir seinen Namen sagen,
den keiner nie vergisst, Zusammenkunft mit ihm,
mit seinem Aroma, geheime Worte der Schönheit.

Sie ist heimlich verborgen in eigenen Falten,
Herzen und anderen Worten auf der Erde mit Zärtlichkeit,
in einem fluiden Netz der weißen Transparenz,
vereint mit den Schritten, gefügt zum klingenen Ton,
der wächst bis die Helle in der blauen Reinheit
in einem Profil kühl vorübergehend, stufenhaft,
in einem Blick mit Namen der Spuren ganz erfüllt.

Das Schattenblau schreibt seinen Namen auf,
hüllt ihn ein mit reinster Transparenz,
krümmt sich intensiv, sich weithin dehnend
mit großen und winzigen Rufen, leise, leise
in der bergischen Einsamkeit sich verlierend.

Dein Herz, jedes Herz mit den Lenneper Gassen
ineinander verflochten, lässt den verborgenen Ohren
das unaufhörliche scharlachrote wesenhafte Ach
mit einer Lampe, dessen Licht ordnet, eine Bewunderung
aufrichtet, verbreitend die stillen Wogen aus Schatten,
vereint mit dem Mysterium, das die Bewegung komponiert,
das Schweigen der Stille im Gewand
der weiten Klänge, in denen die Lenneper Erde
sich bewegt, blickend aus aller Zeit.

Fensterblumen

Von den Fenstern aus Tag und Nacht plätschert
roter und rosa Geranienduft und singt,
und jeder Blick, der unter den Fenstern vorübergeht,
sammelt die Düfte wie kleine Glocken
und trägt sie gedankenvoll, gleitet dahin
mit der Pracht, mit dem weitgestreckten Gewicht,
zart entfaltet aus dem flüssigen Lenneper Licht.

Blau ist der Himmel, und das Blau summt
über die Strohdächer der Straßen, der Erde hin
und wandert ungestümen Spuren entgegen
in der Helle, folgt ihnen um zu schauen,
um zu hören, wer in seinem Rund einsam zieht,
zusammengefügt in der Stille. In ihr ertränkt
zieht er einsam durch die Gassen und Gässchen weiter
bis in die Nacht, und der eisige Mond
hüllt ihn in den Frieden des blauen Saphirs.

Beim Tag oder bei Nacht oder im Inneren
der geheimen Herzen in reiner Dehnung
verherrlicht die Melodie die verzierte Architektur,
Harmonie, nach dem Geschmack des Himmels,
nach der erhabenen Weite und Höhe,
und aus ihrer Kraft wächst der Blumengesang
und bleibt dein,
denn du allein möchtest sein mitten
in dem Licht, das Leben sehen, es sehen
mit deinem Augenpaar in dem Augenblick,
wo kein anderer Duft als die Lenneper Luft ist,
und du, bezwungen, wanderst dahin
schon ganz unbewegt in dem Rund, entgegen
letztlich der hellsten Helle des bergischen Landes.

Unter dem Lenneper Himmel

Ausgebreiteter Blick, unbewegter, du zwischen
den grünen Bergen, du siehst ein geheimnisvolles
Zittern von Schweigen in allen Farben und Größen,
blaue, seraphische, zartes Karminrot,
und einen Glockenschlag der Kirchen hörst du;
alle folgen dem Tag, der Jahrhunderten gleicht,
um mit den Bewohner zu sein, einzig,
getreu dem Grün in wundersamen Kreisen folgst du
sehend den Schieferwänden, Dächern, dem lieblichen Duft,
geschlossen in heimlicher Erdlosigkeit.

Nach der unermesslichen Überquerung der Augen,
ineinander verknotet, mit Wohlgeruch erfüllt,
sprachen sie niemanden an, niemanden auf Erden,
freundlich, freundlich ist ihr Schauen,
und das dichte Schweigen ist in ihnen
mit wohlvertrauten Pupillen, versehrt
wie ein schwarzer Kristall,
sie entfernen sich helltönend,
der Botschaft des Mittags hingegeben;
den Sommer durchkreuzen wollten sie,
das gelbe Licht der schweigenden weißen Stille
und vier ehrwürdige glühende Tore
dem göttlichen Himmel im hellen Licht übergeben.

Sie, die Augen, durchschritten die Zeit,
hart und fest durchschritten
die Generationen die Straßen,
der blauen Einsamkeit entgegen.

Gerundeter Blick

Der Himmel ließ seine Augen nicht schließen,
nicht seine unerschöpfliche Hand,
und sein Haupt nicht senken,
seine Augen harren wie strahlende Säulen,
geprägt von der Erde und anderer Erde,
von Regen und Wohnstätten,
und sein gerundeter Blick wirft
einen warmen Blick dem grünen Schatten hin,
der auf weißen Wänden liegt, verharrt dort
und schaut auf das, was seit Ewigkeit ist,
die runde Stadt mit vier Toren.

Hier blieb er zurück, ruhend auf der Erde,
auf der Erde, sie zu berühren,
in den Gassen ihre gerundeten Schatten zu berühren,
zu bewundern, und von fernher sieht er,
wie er noch immer die Wände liebkost,
ihr Haupt, ihre Stille
sind in ihm wie ein tägliches Licht.

Unter dem Himmel über der Stadt
ist eine Hand, seine Hand,
wie eine Glocke in jeder Gasse ist seine Hand,
sie ist durchsichtig, glänzt
wie seine Augen unter dem Gewicht der Luft,
die er berührt, die ihn berührt,
mächtig, niemals aufgedeckt,
wie Flöße ausgebreitet, eine einsame Sirene,
Pupillen wie ein Fels des geräumigen
Weiß und Blau und Weiß.

Der Boden hebt sich, und von weit her,
von weit her auf Lenneper Straßen und Gassen
und Gässchen als absolutes Wesen der Stille,
brachen nackte Füße,
brachen aus der Weite, aus dem Erdreich hervor
und sind Lächeln aus Lächeln der Wärme,
zerbrochene Blicke, Bewunderung aus weißer Zartheit,
die Liebe, die die Stadt durchwühlt
mit Schweigen, dort, wo er noch immer steht,

versunken, umarmt von der Stille,
geblendet von dem Wesen des weißen Glanzes,
vergessen in seiner Reglosigkeit,
noch immer steht, angelehnt an jedes offene Fenster.

Lenneper Sonne

Hoch oben wie glühendes phosphorleuchtendes Feuer,
geteilt in die Zeit der runden Gestalt hinein,
brennt sie allein, ergießt sich in die Luft, beherrscht
die freie Breite der niederfallenden Strahlen,
sie segeln, um zu sein, wissend wann sie wiederkehren,
ohne ein anderes Ziel zu haben als mit Menschenstimmen,
fröhlich tönend, sieghaft,
frei sprechend oder schweigend mit der Erde.

Die pochenden Fluten der glühenden Wellen
überqueren alle Zonen, denen wir gehören;
gleitend reichen sie rasselnd dahin, dem endlosen Raum,
sich nähernd und wieder scheidend, dem wir nicht gehören,
als heilige Glocken auf hohen Bäumen niederfließend,
als glühende Lebendige beben sie auf allen Wegen,
entfesseln sie und die Berge und Häuser und Dächer
mit erhobenem Atem, befreit von Nächten,
verweilen, beherrscht von geschichteten Himmelskreisen.

So glüht die Erde in musikalischem Chor
mit seinem vielen Leben rings
um uferlose Weite wie etwas, was hineilt und eilt
der hinströmenden Luft wiedergegeben, dem Gesang,
der farbig wächst und ruhevoll und kraftvoll
jeden anschaut aus dem endlosen Raum.

Alle Bewcgungen auf den Lenneper Straßen
sind auf dem Weg, sie treten in die Häuser, geräumig
weiß und halbgeöffnet, von den tiefen Schatten
umgeben, geweckt von lichten Wogen der Sonne.

Sie wecken alle Schritte und uralte Schritte auf,
wirbeln sie im Umkreis,
im Zentrum der weißen Häuser umher,
in tönender Stille fallen sie alle
in ein Schweigen, kreisen sie ein
wie eine schweigende Mühle, die Walkmühle.

Das Schweigen dort ist wie ein eben Geborener
der auftaucht aus seiner versunkenen Gestalt,

und wie ein unsichtbares Wesen zieht er sich
so unbeholfen in seine Reglosigkeit zurück,
zu seiner winzigen Insel einzig und allein,
halb im Zimmer, halb auf der Straße,
ohne es zu wissen.

Immerglühendes Himmelsfeuer

Großes rundes immer glühendes Himmelsfeuer
in der Höhe segelt nieder wie fallende Strahlen,
wach durch die freie Breite.
Immer wieder galt es, geboren zu werden
für die Erde, für die Menschen,
für die Farbe der Steine und den Regen.
Es trug in das Landesinnere unbezwingbar
wirbelnd Staub und Feuer, schlug nieder,
kaum aber rührt es sich, bewahrt mit allen Strahlen
die Erde, den weißen Obelisk der Stadt,
bindet hoch oben die Berge, und mit vereinten Kräften
zieht es riesig wie heilige Säulen die Berge nieder.

Und dann, behütet von fleißigen Wellen,
gefangen und eingehüllt von glühendem Gewächs,
majestätisch in seinem neuen Gepränge,
Schritt für Schritt, zieht es dahin,
schaut auf Lenneper Fenster zuerst,
die Vorhänge durchschreitend,
hernach auf die Gassen, später auf alle,
in strahlenden Lettern auf grün glänzendem Grund,
da kurze Zeit nur verbleiben sollte,
überflutet den Ruch der Stadt,
der für immer wie Lawinen hier verblieb.

Die ganze Stadt, die Straßen erwarten es,
die lieben Wege und ihre Zeit in den Fenstern,
sie folgen jedoch erregt dem Dunkelviolett
das lebt in diesen weißen und grünen Fenstern,
sie zieht sie in die Ruhe,
dann ertönt es aus sämtlicher Wärme,
strömt die Straßen aufwärts mit der ganzen Erstreckung,
dann gleitet der runde Achat dem Abend entgegen.
Nach einigen Schritten auf den Straßen und einer Glocke,
ohne zu ahnen wohin,
erwacht von einem magischen Streifen die Stille,
beschirmt die Straßen und Wege, Hügel und den Boden,
in den Namen der Nacht das Rund gehüllt.

Lenneper Stille

Stille, du ziehst nicht von hinnen
noch kehrst du zurück, du bist auf den Straßen,
in Gassen und Gässchen, da lebst du
als unsichtbarer Wanderer, zu keinem hingewandt,
einzig zum Duft der Stadt, einzig kreuzt
langsam dein Schweigen und
es scheint, niemand begleitet dich.
Du hältst die Ruhe der Menschen und bist allezeit
unsichtbarste und älteste und geräumigste Hand der Welt,
bist immer in derselben Form, damals und heute,
darin hältst du das Leben und gleitest nie in Strömung,
ruhig, ganz ruhig, sehr ruhig fühlst du die weiße Stadt,
unsichtbar mit ihr verwurzelt und klanglos scheinst du.
Ohne zu suchen, ohne emporzusteigen
bist du auf den Bergischen Bergen,
auf schweigenden Wegen,
aber in dir sind die Arme und Münder, die berührst du
und nichts ist in dir als eine Bewegung ohne Bewegung,
die überall ist wie ein Ring in anderen Ringen, gleichzeitig
klar und tonlos und flüssig und unumgewandelt liegst du
in der Stadt wie eine einfache Himmelsuhr,
an sie geschmiegt, die überall ist und nichts bewegt,
sanft, tief trägst du den gestrigen Tag gleich dem von morgen.
Hüllst die Stadt ein und das ganze Erdenrund,
oben den Himmel mit einer tönenden Transparenz
überschwemmten Silbers,
in die du selbst hineinpasst ohne Verwirrung, schweigend
ohne Entwirrung wanderst du, bleibst nicht stehen
und, steif wie eine Schläfrigkeit
aus himmelsdurchsichtiger Seide,
schweigst du und hüllst alles ein, ohne Erinnerung.
Du bist das einzige, was die Stadt hat,
darum bist du so transparent, damit man dich nicht sieht,
unbewegte Transparenz erfüllt die Gassen,
ruht an allen Mündern mit unwägbarer Helle,
du schaust mit alten Augen in Straßen und Häuser
und Menschen erscheinen und wandeln in der Helle,
in Neuigkeiten der Weite und du schweigst,
schweigst inmitten des unzähligen Vergehens, ohne zu ahnen,
dass du überall mächtige Gegenwart bist.

Lenneper Tage

Unerschöpfliche Helle wirft der Wind in Kornfelder
der gepflügten regennassen Erde, der irdische Glanz ist
im Einklang mit den Menschen und der Erde,
über eisernen Hufen und Pferdegeschirr
und Pferdepflege liegt ein Gesang der göttlichen Wurzeln,
von rauschendem Korn und Wogen der Haferfelder,
Gerstenfelder beugen sich sturmgeschüttelt,
Wälder beugen sich, aus grünem Volumen,
streng nach ihrer Art bestürmen sie die Erde,
die geheime Nahrung, Dank dem Brot,
nahrhaft und machtvoll in der hellen Einheit der Heimaterde.

Machtvolle Milde, nützlich und lieblich duftend,
lebt in Lennep, in ihr mit ihrem reifen Licht
wie der Erdenstoff, voll Wohlgeruch in einem
unerschöpflichen Frieden mit der grünen Essenz der Berge,
mit dem Leuchten der Glockentürme,
strömen sie nieder und durchmessen die Ruhe
in zitternden rosenfarbenen Wellen der Weizenfelder
in der Länge und Breite der Einsamkeit.

Luft und Zeit formen alle Tage und sie
schleifen sich weiter an Straßen und Gassen,
bleiben in ihrem Gedächtnis eine Ewigkeit lang,
gerundet von lieblichem Schweigen der Schatten,
und finden so heim zu Menschen und Gestalten,
der Wohnstatt dienend, dem Willen der Bewohner.

Zart seid ihr, ihr Wände der Häuser, ihr Fenster,
wonach duftet ihr alle Tage, nach einer Ewigkeit,
nach welchem weißen Stern, nach welchem Baum,
nach welchem Blatt, fallend auf deine Stirn,
auf deine reinen Augen, rühmend deine Schönheit
glanzerfüllt, aus der die Helle geht in meine bescheidene Oden.

Dein weißes Lächeln suchend und erkundend,
das ist es, Tage sind es,
Luft und Holz, Ruch des Lichtes auf allem Lebenden,
Ruch von Stein und Bergen, und wie Kaskaden
Wohlgeruch aus Lehm und Einheit der Strohdächer,

Duft deiner Hand, meiner Hand, die über dem Himmel
deine liebliche Stille streicheln und dein wallendes Rund,
hingestreckt, singt Tage und Nächte, Geschichten, Gesang.

Lenneper Nacht

Der Bogen der sieghaften dunkelblauen Höhe
taucht auf, im reißenden Flug taucht er schwarz auf,
dem schweigenden Vollmondschein übergeben,
in schweigendem Gesang der Sprache,
die das Dunkel und Silberblau beherrscht, heiter dahinfließt,
überquerend die gewaltige Weite und tönende Stille,
alles wohlgeordnet am Himmel, rasselnd,
bewegend, geheftet an die Nacht und die Zeit.

Aus der Himmelshöhe bis mitten gegen den Himmel,
zwischen dem Himmel und der Stadt, der Stadt allein
füllen sich die Wälder und die vier Tore der Erde
mit verblauenden planetarischen Augen der Stille,
und dazwischen schieben sich die nächtlichen Leuchter,
titanisches Geflecht der Schatten und Schweigen,
das ungeheuere Schweigen der Berge.
Würdig beschirmen sie das Bergische Land,
verschlossen in der nackten Einsamkeit,
geräumig der Nacht geöffnet und von Himmel
und Erde durch das Dunkel unendlich erfüllt.

Deine Gestalt, hinter dem Tag, rühmen
die nächtlichen Sterne, tief in Blau
mit regloser Einsamkeit umgeben, sie blicken reglos,
treiben über die Häuser die lichten Wogen des Mondes,
gläsern wirbelt die Stille und in ihr das Schweigen,
ein Weltraum, durchsichtige Einsamkeit
voller Geschöpfe und tönender Augen,
gefaltet in der nächtlichen Unendlichkeit.

Der machtvolle Flug im Dunkelviolett kreist
unhörbar wie eine schweigsame Mühle
über grüne Höhen zu jedem Stein und Baum,
hinter jedem Schatten ist die Nacht,
wirkt auf die Strohdächer, eilt dahin und wirkt
oder ruht, wogt, wogt nicht, wartet am Himmel
im Dunkel, hingegeben dem Schlaf, gleich ovalem Achat,
von Stille hingestreut in winzigen Leuchten,
niederhängend vollkommen offen.

Morgenröte

Winzige kleine Geräusche der Tautropfen,
Morgenröteteilchen wie ein winziger Ozean,
fallen und fallen in riesigen Tropfen,
angefüllt mit Frische der Luft und laubüberwölbtem Licht,
das aufstrahlt auf abgestorbenem Baum
und niederrieselt auf noch schlummerndes Gezweig
und niedersinkt in die kleinsten Höhlungen
wie laute Glocken, von winziger Erdbrust bewahrt.

Die Helle geschliffen von Sternenfingern naht,
bewohnt von Vögeln umhüllt sie den Morgen
mit goldenen Wellen als Allmacht des Lichts,
reift über der Stadt, wiedergegeben wie an jedem Morgen
der Stadt und schließt die Stadt
in ewige Wandelbarkeit, wo das wiedererwachte
Leben losbraust in Maßen der Zeit,
einem schäumenden Ozean.

Rund wie ein Kreis von Grün in Kuppeln entfaltet
klimmt der grüne Schatten zu jedem Fenster auf,
das Weiß und Grün vollkommen wie ein Kreis
des Himmels, geschlossen in sanfter Geschmeidigkeit,
herrlich geöffnet dem Himmelsmorgen,
ein Planet aus Weiß, versöhnt durch ihre Schönheit.

In der Bewegung der Entfernung der bewegten Bläue
und ganz umgeben vom vollkommenen Tag,
mit stolzem weinfarbenen Flor entfaltet sie
Licht und Luft, versilbert die schattige Helle
in klingender Höhe, das leuchtende Weiß
duftet nach erneuertem blendenden Weiß,
heimlich und vertraut
ausgeteilt am Mund des bergischen Landes.

Lenneper Größe und Stolz

Andere bergische Städte blicken dich verstohlen an
und fragen sich, wer du bist, der Rundling,
in dem sich die Geschichte fand,
fürchtet die Frage, sie überreichen nur einen Blick,
so prall sahen sie dich an und dein uraltes Schweigen,
darum sucht man die Straßen und Gassen
und den Marktplatz,
der plötzlich wie ein Blitz aufstrahlt.
In verborgenem Wesen grüßen die Kaufleute
die ehrwürdige Stadt, die geräumige runde Breite,
tragen deine geheimen Werte der Schönheit
von Land zu Land, von Stadt zu Stadt,
die wie ein Kleid aus Frühling wirkt.

Die Bewohner gehen in ihren Häusern ein und aus,
Frauen und Frauen sprechen miteinander
eingehüllt in Leinentuch, in Erdaroma verschmolzen,
sprechen unbezwingbar mit Männern in Mäntel gehüllt,
geschaffen aus dem Stoff der Stadt mit Arbeitshänden
voll Freude und Entschlossenheit, kraftvoll
lebten sie im Angesicht der Stadt,
die sie formt zu des Lebens Ebenbild.

Zu Lenneper Webstühlen und Wassermühlen,
in den Werkstätten der Stoffe gehen
die Kaufleute ein und aus,
dic Fuhrmänner fuhren nach Lübeck,
nach Nowgorod, nach Kopenhagen,
im weitesten Norden und tiefsten Süden
wird man sie sehen, unterhaltend mit dem Lenneper Stoff,
und die Freude der Stadt
reicht ihnen den Frieden und den Wein.
Mit Geschicklichkeit ohne Hast treibst du deine Geschäfte
mit Salz und Lenneper Tuch mit goldenem Kleid,
aus frischem Wasser geschaffen.
Die duftenden Fenster tun sich überall auf,
die vier Tore, die unverletzliche Hoheit,
wuchsen aus feinen langen Fäden auf,
die Fäden der Lenneper Stimme,
die Eintracht der fleißigen Gemeinschaft.

Lobgesang der Glocken

Die Häuser, die Dächer, die Wände aus Lehm und Holz,
die Dächer aus Stroh, buntfarbene Fenster weiß und grün,
in einem einzigen Augenblick ein farbiger Gleichklang,
von der Tiefe der Laubwerke umgeben
wirbeln um die lichten Wege der Stille,
um jedes Haus, um alle Gassen, um lebendigen Schatz;
sie hinterließen im Gedächtnis eine Helle,
die in jede Seele dringt,
das Leben des irdischen Glanzes,
Lobgesang der Glocken mit einem scharfen Klang
bekundet den lebendigen Schatz im Namen der Menschen,
im Namen der Stadt.
Auf den offenen Fenstern und Gassen verwurzelt das Licht,
es empfängt dich, ohne dich zu suchen,
ein vollkommenes Triebwerk des glücklichen Lebens,
ein Lied in allen Menschen, das sie bewegt,
und es blüht das Leben mit Weinkrug, Bierkrug
um die volle Rundung der Mauer, geprägt
von der Helle, die singt, bedeckt mit Blüten und Früchten
vorüberzieht, angefüllt mit Geläut der Kirchenglocken
in der kristallenen Sprache der harten Transparenz.
Jeder neue Tag und jede Nacht
bewegen sich vorwärts, nie rückwärts,
in ein Weiß in Erdaroma, in ein Lächeln, verschmolzen
mit einer geräumigen Milde in Stolz bekleidet,
vereint mit Blütenblättern der wogenden Erdrosen
grüßen sie dich mit uralten Stimmen,
geboren in dem Reichtum der Lenneper Stoffe,
ohne Hast, Schritt für Schritt, ohne Worte
machen sie ihre Bewegung, und aus ihren Händen
wächst ihr Leben mit Fleiß, in Freiheit erbaut.
Inmitten des hohen Gelbs, das auf einmal singt,
aufwölbt in einem Kreis von Weiß und Dunkelviolett,
weit offen der Mündung des Duftes und dessen Bewegung,
geht im Entzücken der reinsten Wesenheit des Bergischen Landes,
spröde glänzend da oben eine
feurige Krönung des Stolzes,
in würdevoller Grazie das Licht, eine Präzision
fließt, schreitet einher, fast ohne die Stadt und
die Erde zu berühren.

Die Mühlen der Stadt

Und die Räder der Lenneper Mühlen bewegen sich
Tag und Nacht, Erzeugerinnen des Mehls, der Stoffe,
und werden weiter Weizen mahlen
und die Fäden der Stoffe spinnen,
sie anspinnen. Unendlich rein erscheinen sie,
und, aus den halbdunklen Häusern der Werkstätten
sind viele arbeitende Hände, weben spinnend
die Fäden zu Stoffen, die sie anziehen jeden Tag
und mahlen mit starkem Duft den wohlverwahrten Weizen,
das Brot, das sie essen jeden Tag.

Sichtbar war der Duft, sichtbar die Gewänder der Stoffe.
Die Menschen gingen umher im Inneren der Werkstätten
waren umwoben von jener blauen Halbdunkelheit,
wie von der Zeit gelöst, wogenhaft überflutet.
Sie spulen die Fäden auf, vertrauen ihnen,
übergeben sie dem Stoff, neugeordnet
in unendlichen Linien, die die Welt umschlingen,
man fädelt sie ein, fein und zart
die sich in Kleidung verwandeln werden,
die Fäden der Fäden der Menschen der Stadt.

So ist der Faden der Menschen beschaffen,
lieblich und voller Notwendigkeit in Lenneper Händen,
in ihren Händen, er hat kein Ende,
er erweckt sie zum Leben, das tägliche Brot
erhält die Liebe, dic brennend in ihren Händen ruht,
diese geheimen Stimmen des Wassers, der Mühle,
der Faden in der Sprache, was alles sie verschwiegen,
sie und alle, er wird es der Erde erzählen,
dem Mehl, dem Stoff und wird weiterhin
Weizen mahlen, die Fäden spinnen
und Schweigen und Worte und Geschichten der Stadt.

Die Vögel

Mit schwarzem, grünen, braunen und grauen
Gefieder sind sie zwischen Bergen des
Bergischen Landes geboren
und in der Stadt Lennep glückliche Vögel.
Falken und Adler, Machthaber des
Lenneper Himmels und der grünen Berge,
friedliche Vögel, majestätisch,
sie zu bewundern immer im Flug.

Schweigsam segeln die Schwalben über
Strohdächer und Giebel, schneiden das Licht,
streifen kreuz und quer,
segeln über die Gassen und Gässchen hin
und enden plötzlich den Flug
und stürzen wie Pfeile
aus allen Richtungen in das Grün,
wieder in die Höhe empor und in die
Wupper wie ein Wassersturz,
sie, die die Stille treibt und der Gesang.

Die Spatzen flattern um die Häuser,
an den Strohdächern entlang, fliegen
in die Einsamkeit der Luft,
den offenen Fenstern nach
und in der Nähe und in weiter Ferne,
von Luftwellen erschüttert, fliegen,
gepeitscht von der Ruhe, hüpfen,
hüpfen, bewegen sich, und das Licht
tritt über die Mauer
geradeaus mit dem Leben in der Stadt.

Oh runde, winzige Heimat, leuchtendes Vermögen!
Durch deine weißen Arme der Straßen
und das morgenhafte Grün
eilen die Lenneper zur Frühmesse,
die Männer und, in ihre winzigen
Hauben gehüllt, die Frauen, und ihr
Lächeln breiten sie aus in heller Freude,
das Lächeln, weiß wie der Schnee.
Um Häuser, in Gärten, im Laub

wie ein geheiligtes Gespräch,
singen sanfte Vögel die reinste Musik,
klar, frisch und rein, wohltönend,
so lieblich wie eine grüne Leier.

Sie reden ganz deutlich miteinander
an jedem Tag im Gezweig, wiederholen
ihre Gespräche, ihre Beobachtungen,
im Plaudern im milden Gürtel im Grün,
die Sonne und die Luft berührend,
und wissen wohl unfehlbar,
wo Lenneper Getreide geerntet wird.

Sie sind ein Zittern, eine Schwinge,
im Sommer und im Frühling ein
Strahlen aus violettem Licht,
das mit runden Glöckchen
der staubberieselten Blütenpollen
mit lebendiger Schönheit der Blumen
und der grünen Landschaft über
Lenneper Leben mit Himmelsvolk singt.
Es hallt durchs Bergische Land
in ihrem Flug, mit dem Himmel geeint.

Die Laternen

Sie blicken hinter jedes Mundes Wort
und vor sich hin und die Stille belauschen sie,
die aus geraden und gewundenen Gassen
kommt, denn auf ihnen war ein Mann,
ein anderer Mann, Menschen begleiten ihn.
Die Gassen wissen nicht, wie er heißt,
er ist so still wie die Laternen,
hat Augen, den ihren gleich,
und mit ihnen fand er den Weg durch die Stadt.

Und hier ist er, denn aus Holz
und Lehm sind alle Häuser
und aus Silben sind die Strohdächer,
aus Vergangenheit ist der Glanz,
aus Gegenwart ihre weiße Schönheit.
Ihre Gemeinsamkeit lebt in der Stadt.

Wie gewaltige Bäume stehen stille
Laternen in der Höhe alle Häuser,
mit dem Licht vereinen sie,
und hier auf dieser, auf allen Straßen,
Gassen und Gässchen empfangen sie
jeden mit einem Lächeln
und geben ihm und jedem die Hand,
die weit mehr noch als jeder
die Welt kennt, die gleich jedem
den Weg dort über der grünen Ferne
weist, gehen zusammen, ihn
mit dem Licht bezwingend begleitend.

Und hier stehen sie vor den Häusern
wie ein schlankes Wunderwerk,
verwandeln das Licht in die schaffende,
die weiße und dunkle Gabe der Schönheit,
oder die Stimmen der blauen Luft,
sie reden die gleiche Sprache wie er,
die ihm das Bürgerrecht verliehen
und die alte Stadt aus Holz, aus weißem
Silber und Lehm, Rosen und Asche.

Die Laternen berühren sich in der Höhe
in wogender Einheit der Stille.
Ein rascher Flug, ein Gesang streift sie
und die Stadt, die Vögel der Freude,
doch unter der Erde der Straßen
kennen die Laternen wieder einander
und berühren sich und das Flüsschen Lennepe
und halten jeden auf seinem Weg auf.
Sie gehen und kehren wieder.

Feuer, der große Stadtbrand

Das Feuer von Kraspütt vernichtete alles,
was die Erde, der Dämmerung nah,
in Händen hielt, mit Schweifen berührt,
mit seiner Zunge, es barst wie im Donner.
Alle Häuser, vierhundert an der Zahl,
zählt weitverstreut der eiskalte Oktoberwind.

Doch jene übriggebliebenen Häuser,
umherirrenden Häuser, ihre Erben, weiterhin
dauern über so großer, wallender
Einsamkeit, waren unerschöpflich wie Asche,
wie Brandstummel, wie verbrannte Splitter,
die niedergehen in salzig verschlingender
Asche, verschluckt von schwarzer Erde,
gemeinsam flammend, rissig festgehalten
von bergischem Gestein eisiger Hand.

In völligem, völligem Dunkel mit
den Sternen hin zu allen Richtungen
der Erde trägt der Wind Ruch der
herumirrenden verbrannten Häuser
im Chor der Helle, die eins werden
nach und nach mit der Asche.
Jenseits mit der Luft kreist die schweigende
weit leuchtende Sprache der Himmelshöhe.

Das Feuer entschied sich schnell.
Die Nacht hatte sich schon verteilt,
alles war bereits aus Licht, jene
umherirrende Asche auseinander gemalmt,
uneingeschränkt von Himmel und Erde
ausgestoßen
über so großer aschener Einsamkeit.
Unerschöpflich wie Asche, wie Tränen
der Trauer, die niedergehen auf verbrannte
Häuser, verschluckt von grauschwarzer
Asche, von Wind verzehrt,
während die schutzlosen Bewohner
in völligem, völligem Dunkel stehen
und ins Schweigen blicken.

Die Stadt Lennep wurde ein großer,
grauer Sarg aus Asche und Stummeln,
und ein Jahrhundert lang wird
über dem Himmel die Erinnerung schweifen,
sie schreitet dahin von Leben zu Leben,
von Aufbau zu Aufbau und fühlt keine Furcht
vor dem Feuer noch vor dem Schatten,
und weil sie fast aus der Erde ist,
hat sie eine Hand für die Unendlichkeit.

Die Pest

Die Spinnen in zerspaltener Zeit weben Pest
in winzigen schwarzen zitternden Fasern,
von grauen Ratten zernagt schimmern sie
wie Glühwürmer durch zerbrochene Fenster,
wo das Elend mit schaurigem Röcheln
atmet, und inmitten der Löcher der Behausung
fallen blonde und braune Löckchen
auf die Schläfen der schönen Kinder,
die in zerlumpten Kleidern in den Häusern
aus Lehm und Holz und stillem Lärm leben.

Ätzende Schatten hören den Himmel nur,
sie lassen sich auf die zerbrochenen Hütten
niedergehen, aus deren Fenstern und
Türen Hunger und Armut blickt
wie ein sprödes Grauen, zerstreut,
und dennoch singen und lachen
wohltönende Häupter im Nebel.

Mehr als Gesunde die kranken Münder
dennoch singen, weisen mit den
unsichtbaren Händen auf die Stadt
und das Licht, in Blumen gehüllt.

Die Gesichter, die runzelbesäten in der
Abenddämmerung, sie rühren sich nicht
und sie liegen, ohne sich zu sehen,
gleichgültig, und jetzt schlingt sie
die Pest, sie nähert sich rasch, von
einem Haus ins andere geht sie hinein
aus geschütteten Abwässern und Unrat,
dann wieder aus Hausbrunnen kommt sie mit Ratten
und lässt sich auf die Erde nieder
wie eine schwarze Hand, die Leichen zu begraben
die durch die Stadt hinter kleinen
und hinter großen Särgen her heulen.

Der schwarze Tod streckt die heimlichen
Finger aus, gleitet über die Menschen und
die geschundenen Leiber als summendes Dunkel,

durchschimmert die fiebrigen Gesichter
ohne dass sich die Stille wandelt,
ohne dass die kühle Dunkelheit
in dem Gestank ein Ende findet.

Unaufhörlich wie die Minuten zählt sie,
um die Zeit und Zeit und Zeit ohne Zahl zu nennen,
und wie Blätter fallen die Leiber herab,
zermalmt von summender Ausdehnung der Augen,
sie erfüllt die Erde mit winzig
kleinen Geräuschen von zerkleinerter Nacht,
und von Schattenteilchen sind die Leichen
in den Kirchen begraben.

Der Verwesungsgeruch blieb in den Wänden
und um die Wände der Kirchen,
als er als dunkles Gewässer hinfloss,
wieder in das Dunkel niedersank
und in Raum und Zeit, hinterließ er
nur ein flüchtiges, schwarzes Ach
in den Glocken der Kirchen,
ohne dass der kühle Tod
in der Dunkelheit ein Ende fand.

Die Zeit, unaufhörliche Uhr,
senkt sich in die Gräber,
mit Gebet zu begraben.

Die Stadt und die Umgebung

Das heimliche Lächeln der selbstgefälligen
Stadt mit gelbem Licht und Glocken:
Sie lässt sich nicht berühren, man hört sie,
wie ein heimliches Flüstern ihres Herzens Schall,
sie lässt zahllose Augen erkennen,
sie redet ganz deutlich mit sich selbst
und mit der Erinnerung, wiederholt ihre
Beobachtungen, brüstet sich
mit prachtvoll wieder aufgebauten Häusern,
alles, was sie tut, hinterlässt sie dem Himmel,
er lagert sich auf Strohdächern
mit wundersamer Kühle, zuweilen
gekleidet in graue Nebel in zartem
blauen Gewand, in Schweigen begreift sie,
was alles sie tut, ist ihr Stolz,
den sie mit Herz und Ehre bewahrt.

Ein lieblich tönender, sonniger Garten
für Vögel und Menschen,
was die Menschen der Stadt lieben.
Und die Zeit berührt die alte Mauer,
sucht den Widerhall in ihr, weckt
die Freiheit bezwingende Stimme,
die lichten Spuren der Vergangenheit.

Sie geht an der Menschen Seite als
fröhliche Pflicht, als freie Freude,
sie tastet die Mauer, erfüllt sie
mit der gleichen fröhlichen Fröhlichkeit
und eilt und eilt unaufhörlich,
Menschen sammelnd und einend
in dem Leben, das sich mit der Harmonie
in die Himmelshöhe emporschwingt.
So ihre Stimme der weißen Wände
und ihr Leben, sie fährt fort
mit der ganzen Vergangenheit und Gegenwart,
mit entschlossenem Handeln in die Zukunft,
und sie ist des Bergischen Landes Held,
nicht mit ihrem eigenen Leben,
sondern auch mit unser aller, aller Leben,

und in ihr ist Freiheit, die Demokratie
der heutigen Zeit auf einem Wappenschild.

Das Leben legt in ihre Hände eine Hand
und eine andere und viele Hände und Tauben.
Hier kam Albert Schmidt, ein Wasserforscher,
Ingenieur, mit seiner Lampe,
und sein Licht brachte unter dem Wasser
und in der Wassertiefe Klarheit,
so zog sich die Bahn der Transparenz
durch ruhig fließendes Wasser,
das ruhig, unerbittlich dahinfließt
zu Lenneper Tal,
er erbaute die Lenneper Talsperre.

Bis eines Tages sich durch das helle Rasen
ein seltsam geflügeltes Bild bot,
es veränderte das Leben der Menschen.
Sie ist Entdeckerin der Röntgen Strahlen,
so hat sich die Stadt vollbracht,
die leidenschaftliche Erkenntnis zu sein,
so nahm sie sich Raum und Zeit
und erhob sich über die Welt,
eingegangen in die Geschichte für alle Zeit.

Schweigsame, verschlossene Bewohner,
Menschen mit mildem stillen Lächeln,
sagen die Dinge der malerischen Berge,
eine Woge vom himmelblauen Himmel her,
gleich dem Segel des grünen Lichtes,
wirbelt das Gras auf mit transparentem
Wind und dem Duft der Wiesen.
Raum hat sie in der unendlichen Weite
der Zärtlichkeit der allerkleinsten
blauen Blumen und für die Stadt.

Es wogen und singen hohen Bäume
vom Norden bis zum Süden
und dort lebt die Stadt, gleich einem
riesenhaften Ross in weißes Silber gehüllt.
Durch die Wiesen wandert die Lennepe
und lauscht nur, lauscht jubelnd den grünen Bergen,

dem Silber im taufeuchten Zwitschern
ihrer jeder morgendlichen Stimme.

Ihr folgen inmitten der Nadelbäume
die Fichten, ihnen antwortet anderer Gesang,
ein Singen von Wald zu Wald,
von Frührot zu Frührot tauschen sie,
wie mit einem grünen Chor,
der frisch, etwas gerundet, erblüht.

Es singt das ganze Bergische Land
von Krebsäge ins Eschbachtal mit
Erlenstämmchen und Mühlen,
Tau tragen die Blätter und Jasmine,
singend am lichten Morgen durch Jahrhunderte,
die Antwort gibt die Stadt.

Die Lennepe

In Beton gefasst, unter der Erde
fließt und tönt die Lennepe in Rohren,
sie birgt in ihrem brodelnden Inneren
etwas, gerundet wie ein geborenes,
kleines, ruheloses, stimmloses Wesen,
der Stadt so rätselhaft gleich.

Als schimmerndes Schweben fließt sie
und springt still auf und fließt und wächst
mit bescheidenem Stolz unter der Stadt,
wirkt erhellend mit geschlossenen Augen,
dass Augen sich voll Leben öffnen,
dass das Wasser der Lennepe singt,
mit dem Duft der Blüten auf den Feldern,
Erdedunst von der Feuchte zum Wind,
vom Wind zu Weizenfeldern zu Wurzeln
schließt sich ihr Ring, gezeichnet von
ununterbrochenen Wogen dunklen Achats.

Anspruchslos ist das Flüsschen Lennepe,
und nun muss man sie niederfließen lassen,
entströmt, als wäre sie ein dunkelgelbes
Ding mit ewigen Augen der fließenden Transparenz,
verschmolzen mit dem Licht der Erde
und Wurzeln, und dann zeigt sich
allmählich die Landschaft der dunklen Göttin,
unterdrücktes Stöhnen eines
vergessenen Wasserleibes mit irrendem Blick.

Ungebunden, unbändig, außerhalb der Stadt
dunkel wie schwarzes Gestein
die stolze Haltung ihres Fließens
mit der erdhaften Vollkommenheit,
rastlos wie eine Unversehrtheit,
sicher ihrer zarten Vermessenheit,
fließt sie zu den unerbittlichen Bäumen
unter dem Laubwerk, gibt mir die Hand,
erfrischt mit frischem Tau.

Sie ließ weiter den Stolz reisen,

fern von jedem wendet sie ihre Blicke,
schenkt Lächeln dem Antlitz der Stadt
und mündet bei Krebsäge mit
gefaltetem Schweigen und gewundenem
Leib in die Wupper hinein.

Hinter dem Flüsschen Lennepe blieb
während jener zeitlosen Stunden
ihr weites Herz in der Stadt zurück,
das aus gewundenen Gassen hervortrat,
die Blüte der Schönheit zu weisen
allen Städten des Bergischen Landes,
allen Städten der Welt.

Die gewaltige Ruhe in der Höhe
der Kirchentürme vereint,
hier und da auf Lenneper Erde,
empfing mich mit einem Lächeln
von neuem und gibt mir die Hand,
die gleiche, die mir vor Jahren
den Weg gewiesen,
die alte Stadt aus Lehm und Holz,
aus Schiefer und Strohdächern
und offenen grünen Fenstern,
in helles und graues Silber getaucht.

Der Schandpfahl am Markt

Morgen wird der Tag sich mit abgerissenen Rufen beleben,
und erstarrte Gesichter werden durch die Straßen gehen,
und auf dem Markt vor dem Schandpfahl
wird eine Menge von Menschen stehen
und einem Todesurteil eines Verbrechers beiwohnen,
einem dumpfen Donner seines Leibes, winziger als ein Finger,
überflutet vom letzten Zittern werden sie beiwohnen,
gnadenlos vom Lenneper Richter verurteilt.

Von seinem Leben weicht jedes Wort,
jedes helltönende und schmale Flüstern,
die Zeit, ein leuchtendes Vermögen, hat keine Zeit für ihn,
die Zeit rührt ihn nicht an, oder doch,
sie ist wie ein sturmgebeugter Baum, der seinen Tod abweist.

Er steht an dem Galgen, in die Finsternis lächelnd
und in die Straßen, lächelt die Erde an
und die Menschen mit einem mehrfachen Lächeln.

Warte, sagt die Zeit, ich werde noch denken,
vornehmlich aber will ich die Menschen fragen,
die wichtigsten Sachen zuerst lösen,
die übrigen, die übrigen später,
und dann werde ich mich dem Richter zuwenden,
werden wir uns mit dir befassen,
werden wir deinen Menschengrund, dein Inneres berühren.

Jetzt ist er da und die Richter und die Gerechtigkeit
und aufgerissenes Innere, der Galgen
und der Priester und ein Kreuz in seiner Hand,
erschaffen aus Holz;
es lag zwischen den feuchten Fingern,
den reglosen Flüssen gleich,
und die Bürger der Stadt, sie kehren nicht um,
sie stehen mit laut aufgerissenen Augen,
mit Windes stillen Stimmen, lauschen,
und die Poren seiner Augen,
sie fühlen und schwanken
überschattet vom hohen Zittern und angehaltenem Atem,
der ihm nichts anbieten konnte,

nur glühende Lettern seines Abschiedes,
drohend seinen Namen wiederholend,
benetzt von starrer Furcht der Tränen.

Eine Hand und noch eine und eine Greisin
liefen davon wie seelenloses Gelächter
und flohen aus dem Leben der Menschen
gleich einem bösen Alp der zunehmenden Sonne,
und wiederum schweben seine Augen
in einer Überhelle mit der Stadt dahin,
gleiten abwärts mit einem übermäßig schweren Anker,
kalt und verstört von Blei und Bleigewicht und
schleudern seine Blitze im Kampf seiner Seele
und kommen doch nirgendwo an.

Später rührt sein Tod die Stadt an
mit seinem offenen Mund und
seinen erstreckten ausgedehnten Augen,
die den Schandpfahl verschlingen
und die Häuser, die zwischen den Mauern heulen,
raffen die Richter hinweg mit
schrecklichen Trommeln, die seinen Tod versplittern,
erstarrt unter der Kälte des menschlichen Wahns.

Eine Stille, höher als alle Tannen und Eichen,
wie lichte Säulen im Zorn der lebendigen Flamme
inmitten des Marktes, der uralte Glanz der Stadt
und eine Schattenhelle wurden gewaltig,
wurden unbezwingbar, unsichtbare Zeit,
die in den Straßen kreist, lebendig
wie hinreißender Strom mit weit geöffnetem Mund,
der die Zeit in ein geheiligtes Gespräch treibt,
wohltönend, klar und rein wie eine grüne Leier,
zeitlos mit der Weite vereint.

Über den Autor:

ZDRAVKO LUBURIĆ wurde 1942 in Pakrac, Kroatien, geboren. Er ist Mitglied im Verband deutscher Schriftsteller, im Verband der „Grenier Jane Tony“, Bruxelles sowie im Verband kroatischer Schriftsteller, im Verband des freien deutschen Autorenverbandes, Schutzverband deutscher Schriftsteller.

Bisherige Veröffentlichungen:

„Zerronnene Spuren des Lorbeerkranzes“, („ Rasplinuti tragovi lovorova vijenca“), Gedichte, in Kroatisch, KZ „Struga“, Struga, 1991, Mazedonien;
„Riječi koje samo vjetar prisluškuje“, („Worte denen nur der Wind lauscht“), Gedichte, in Kroatisch, KDL „ Berislavić“, Slavonski Brod, 1992, Kroatien;
„Lepain de l'enfance, Gedichte, in Französisch, Verviers, 1997, Belgien;
„Requiem“,Gedichte in Kroatisch, „ Area“, Zagreb, 1998, Kroatien; (vertont vom deutschen Komponisten Miro Dobrowolny);
„Liline“, Gedichte, in Kroatisch, Zagreb, 2002, Kroatien;
„Unzerstörbare Lettern“ („Mots Indestructibles“), Gedichte, in deutsch und französisch, Kalke-Verlag, 2003, Stuttgart;
„Weh' den Besiegten“, Kalke-Verlag, 2003, Stuttgart;
„Glanz ohne Spur“, Kalke-Verlag, 2003, Stuttgart;
„Liline, Kalke-Verlag, 2003, Stuttgart;
„Requiem“, Kalke-Verlag, 2003, Stuttgart;
„Erniedrigt und beleidigt“, Kalke-Verlag, 2003, Stuttgart;
„Unsichtbarer Ruf“, Kalke-Verlag, 2003, Stuttgart;
„Ferne Gespräche“, Kalke-Verlag, 2003, Stuttgart;
„Das leere Haus“, Kalke-Verlag, 2003, Stuttgart;
„Im Name des Staates“, Kalke-Verlag, 2003, Stuttgart;
„Kalt und zart zugleich“, triga Verlag, Gelnhausen,1997;
„Liline“, Gedichte in Kroatisch, „ Stajergraf“, Zagreb, 2002, Kroatien;
„Weh' dem Besiegten“, Kalke Verlag, Stuttgart, 2oo3;
„Glanz ohne Spur“, Kalke Verlag, Stuttgart, 2003;
„Liline“, Triga Verlag, Gelnhausen,2002;
„Liline“, Kalke Verlag, Stuttgart, 2003,
„Requiem“, Kalke Verlag, Stuttgart, 2003;
„Ferne Gespräche“, Kalke Verlag, Stuttgart, 2003;
„Das leere Haus“, Kalke Verlag, Stuttgart, 2003;

„Im Namen des Staates“, Kalke Verlag, Stuttgart, 2003;
„Mady“, Kalke Verlag, Stuttgart, 2003;
„Molitva tmine“,(„Das Gebet der Finsternis“), Gedichte in der kroatischen ,UG Orion, Rijeka, 2005,Kroatien;
„Ivankovo I“, „Ivankovo II“, UG Essegg, Osijek, 2008;
„Slavonska simfonijaI I“, Slavonska simfonija II“, K. C. Kalliopa, Našice, 2008;
„Sveta mjesta od zemlje i kamena“, („Heilige Plätze der Erde und Stein“),UG Essegg, Osijek, 2008;
„Slawonische Symphonie I“, Slawonische Symphonie II“, („Slavonska simfonija I“, „Slawonska simfonija II“, UG Essegg, Osijek, 2008;
„Rasplinuti tragovi lovorovog vijenca“, („Zerronenne Spuren des Lorbeerkrances, UG Essegg, Osijek, 2009;
„Riječi koje samo vjetar prisluškuje“, („Worte denen nur der Wind lauscht“), Gedichte in Kroatisch, UG ESSEGG, Osijek, 2009;
„Miris pogorjela svjetla – sudbine u habitima I“I „ Miris pogorjela svjetla – Strašni prizori mraka II“, („Ruch verbrannten Lichts I“, „Ruch verbrannten Lichts II“), UG ESSEGG, Osijek, 2009;
„Ruch verbrannten Lichts I“, „Ruch verbrannten Lichts II“, („Miris pogorjela svjetla I“, „Miris pogorjela svjetla II“;
„Lennep“, Shaker Media Verlag, Aachen.2012;
„Weh“ den Besiegten, Shaker Media Verlag, Aachen, 2012;
„Iz glasa i daha“, („Aus Laut und Hauch“).UG Bagrem, Gradište, 2013. I. und II.;
„Geheimes Gelächter“, UG Hrast-Gunja,Gunja,Kroatien,2016;
„Gluho prisluškivanje „ , UG Essegg, Županja, 2014;
„Der Gott schaut und schweigt“, UG Hrast, Gunja, Županja, 2016;
„Bog šuti i gleda“, („ Gott schaut und schweigt“), UG Hrast, Gunja,2015.

Ehrungen:
2002 Reisestipendium des Auswärtigen Amtes nach Mazedonien;
2003 Reisestipendium des Auswärtigen Amtes nach Bosnien und Herzegowina.
2005 Reisestipendium des Auswärtigen Amtes nach Kroatien.
Auszeichnungen:
2004 „Antun Branko Šimić“, Literaturpreis für sein Buch „Molitva tmine“, („Das Gebet der Finsternis“);
2007 „Kočićs pero“, Literaturpreis für das Buch „Ponižen i uvrijeđen“, („Erniedrigt und beleidigt“);
2003 Buch „Requiem“ vertont im „Requiem Konzert“ von Miro Dobrowolny;

1984 vertont in „Poeme Simphonique“ von albanischen Komponisten Pellumb Vorpsi;
2011 Mitglied der Internationalen Mediterranen Akademie Mazedonien;
2011 Mitglied der kroatischen Akademie der Wissenschaften und Kunst.

Literatur über den Autor:
Dubravko Horvatić
Aber es gibt in ihnen auch kräftige sprachliche Imaginationen mit hervorragenden Versen, wenn auch Gängiges. Doch ist hier zweifellos trotz aller entwaigen Einwände von einem echten Dichter zu sprechen.

Gojko Sušac:
„Die lyrische Expression Zdravko Luburić beinhaltet alle tragischen Elemente des Seins.“

Pressestimmen:
„ ... Gedichte, die man nicht erklären könnte, sondern fühlen müsse. Absicht des Autors ist
die Darstellung des Egoismus und der Einsamkeit der Menschen in der heutigen Zeit.“

Zdravko Luburić vereint in seinen Bildern Gegensätzliches, sich eigentlich Abstoßendes: Schreie sind zugleich kalt und brennend, Schreie kommen nicht aus Mündern, sondern aus den Augen, - der Remscheider Lyriker schaft neue Inhalte sprachlichen Kontraste und Unvereinbarkeiten.
Gisela Schmoeckel, in Bergische Morgenpost, 1993

...den für Zdravko Luburić verbinden sich nur in Worten und Wendungen Bilder aus zwei Welten, die zu ungewohnte und neue lyrische Aussage führt.
Gisela Schmoeckel, Bergische Morgenpost, 1993.

Zdravko Luburić widmet seiner Wahlheimat Lennep epische Versgesänge. Wenn man nach Lennep kommt, kommt man nicht in eine Stadt sondern zu einer Schönheit. Man fühlt sich von den Jahrhunderten eingekreist. Zärtlichkeit liegt in der Stimme von Zdravko Luburić. Es klingt, als spräche er von einer bewunderten Geliebten. Luburić bedichtet sie, besingt sie in Versepen von antikem Ausmaß, mit großem Atem und musikalischem Klang. Er holt weit über fünf Jahrhunderte in die

Historie aus, fasst Themen wie den 30 jährigen Krieg oder den Lenneper Stadtbrand in Verse imaginiert mittelalterliches Leben. Er verneigt sich dichterisch vor Großen Persönlichkeiten: vor Albert Schmidt, dem „Wasserfoescher" und Adolf Clarenbach, dem bekennenden Christen. Und er besingt die Mauern, die Gassen, die Glocken und die bergischen Wäldern, die sich um die Stadt schmiegen, in schwärmerischem Ton und zuweilen geradezu expressionistischen Sprachbildern.
Anne-Kathrin Reif, Remscheider General – Anzeiger, 2011.

In seinen Versepen holt er weit aus, von 1224 bis zum Ersten Weltkrieg geht Luburić in die Historie der Stadt Lennep zurück. Er besingt die alten Straßen. Gassen, Denkmäler und Grössen wie Adolf Clarenbach in schwärmerischem Ton und mit ausdrucksstarken Bildern. Es sind die Zeilen eines genauen Beobachters, eines guten Zuhörers und eines Mannes, den philosophische Fragen beschäftigen. Was macht den Menschen aus? Wie viel Individuum steckt in einem?
Andriana Sakareli, Remscheider General – Anzeiger, 2013.

Der Lenneper Autor Zdravko Luburić veröffentlicht zwei neue Bände Prosagedichtbände: „Geheimes Gelächter" heißt der eine – „Der Gott schaut und schweigt" der andere.
Luburić– 1942 im kroatischen Pakrac geboren, schreibt in drei Sprachen Die beiden aktuellen Bände liegen bereits in seiner Muttersprache sowie in Deutsch vor.
Und wie um die (RGA-) Überschrift „Der Vielschreiber" noch einmal zu bestätigen, erklärt er im selben Atemzug, dass er gerade an einem neuen Werk sitzt; dessen Titel lautet „Auf der slawonischen Erde"; und es handelt von posttraumatischen Störungen von Soldaten. „Der Gott schaut und schweigt", hier ist Effi die Protagonistin (nach Effie Briest) ein Antagonismus a la Anna Karenina – im Sinne einer Frau die sichselbernichtmehrerträgtunddarum- allein und ruiniert -gegen die Zeit als Schicksal anschreibt. Aber sie steuert nicht auf den Suizid zu, sondern erträgt das Leben, wie es ist, erklärt der Autor.
In Kroatien und Mazedonien ist er längst Mitglied der Akademien der Wissenschaften und Künste.
Thomas Witingen, Remscheider General-Anzeiger, 2015.

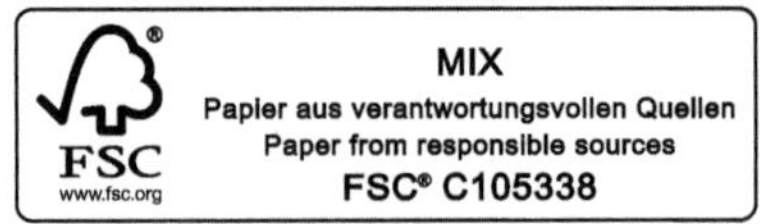

Printed by Books on Demand GmbH, Norderstedt / Germany